Álvaro Tito

Um dos maiores cantores da música evangélica no Brasil

Por Elvis Tavares

Álvaro Tito

Um dos maiores cantores da música evangélica no Brasil

Ágape
AMOR INCONDICIONAL
São Paulo / 2012

Produção Editorial	Equipe Ágape
Diagramação	Francieli Kades
Fotos da Capa	Junia Lane Arantes de Carvalho
Capa	Adriano de Souza
Revisão	Iolanda Nicioli
	Patricia Murari

Texto de acordo com as normas do Novo Acordo Ortográfico da Língua Portuguesa (Decreto Legislativo nº 54, de 1995)

Dados Internacionais de Catalogação na Publicação (CIP)
(Câmara Brasileira do Livro, SP, Brasil)

Tavares, Elvis

Álvaro Tito : uma biografia sem barreiras / Elvis Tavares. – Barueri, SP : Ágape, 2012.

Bibliografia

1. Gospel (Música) - Cantores - Biografia 2. Música Gospel 3. Tito, Álvaro I. Título.

11-14265 **CDD-248.092**

Índice para catálogo sistemático:
1. Cantores gospel : Biografia 248.092

2012

EDITORA ÁGAPE
Al. Araguaia, 2190 - 11º andar - Conj. 1112
CEP 06455-000 - Barueri - SP
Tel. (11) 2321-5080 – Fax (11) 2321-5099
www.agape.com.br

Seja outro o que te louve, e não a tua boca;
o estrangeiro e não os teus lábios –

Provérbios de Salomão,
capítulo 27, versículo 2

Verba volant, scriptun manent

Agradecimentos

Pro primo, ao Grandessíssimo Deus, que por amor incomensurável, entregou Jesus à morte para que, por maravilhosa graça, fosse sacrificado numa cruz, entregando a própria vida, rasgando a cédula que constava contra nós (Colossenses 2:14).

Pro secundo, à minha esposa Milena Cunha, por seu amor e pela paciência ao ser privada de minha companhia durante algumas madrugadas enquanto escrevia o livro, trazendo, a despeito disso, contribuições importantes a este trabalho.

Ao meu pai Juraci Santos, pelas lições nunca esquecidas quanto ao comportamento de um homem.

À minha mãe Ivone Tavares, pelo carinho que as palavras não o definem.

Aos meus queridos e amados filhos – em ordem crescente, mas não menos importante – Elvis, Fábio, Anna Luíza e Lucas.

Ao meu irmão Marcelo Tavares, pelo auxílio nas linguagens das técnicas e dos termos instrumentais.

Sumário

Apresentação

Álvaro Tito, registrado por seus pais, Jorge Severiano e Olindina Ramos, como Álvaro Tito de Oliveira, nasceu em 18 de junho de 1965, no Rio de Janeiro.

Além de Álvaro, o casal tem as filhas Elvira Ramos e Eudócia Paloma.

Álvaro iniciou sua carreira musical no limiar dos anos 80, confirmando-se como um dos maiores intérpretes da música evangélica brasileira ao longo desses mais de 30 anos.

O nome Álvaro tem origem germânica e significa "o atento a tudo".

Seu estilo musical influenciou diversos outros cantores no território nacional, como Marquinhos Gomes e Kleber Lucas, por exemplo, obtendo deles tal reconhecimento e colocando-o como o precursor de uma nova geração, isso sem qualquer desrespeito e menosprezo ao trabalho em disco promovido pelos amantíssimos levitas Feliciano Amaral, Luiz de Carvalho, Victorino Silva, Elson Rodrigues (sem acento mesmo!), entre outros, mestres da música *gospel* daqui e que naqueles anos somente era denominada de música sacra. Estes serviram de inspiração ao menino Álvaro quando vivia a fase da pré-adolescência, portanto, ainda imberbe, e que já prenunciava aos que o ouviam cantar o surgimento de uma das vozes mais apreciadas da nossa *gospel music*.

Desde o primeiro LP, intitulado Meu ser para Cristo até o mais recente lançado pela gravadora *Sony Music/ATV*, o CD *Reinas em glória*, contam 17 discos lançados durante a carreira do cantor. Suas músicas são conhecidas do Caburaí (Roraima) ao Chuí (divisa do Brasil com o Uruguai), não havendo no país um evangélico – nem possivelmente até alguém fora do arraial, e isso é uma dedução nossa – que, se não souber o nome de Álvaro Tito, não saiba, pelo menos, cantarolar uma de suas músicas, mesmo que a letra da canção não esteja de todo correta.

O objetivo deste livro será contar um pouco da história do menino de Campo Grande, no Rio de Janeiro, que já pôs os pés nas cinco regiões do Brasil, nas outras Américas e no Velho Continente; em igrejas grandes ou pequenas (inclusive católicas), de construções suntuosas ou simples, de todas as denominações, e que sempre procurou levar a mensagem do evangelho ao aceitar os convites dos diversos pastores, líderes e irmãos em Cristo espalhados pelo Brasil e nações do mundo afora.

Capítulo 1

O início na Assembleia de Deus de Campo Grande

O menino Álvaro Tito, ou melhor, Tito, como sempre foi chamado no seio de sua família, pelos amigos mais próximos e moradores, principalmente, de Campo Grande, na zona oeste do Rio de Janeiro, nasceu em lar evangélico e teve evidenciado em sua vida o cuidado previsto nas Escrituras quando se concita aos pais a ensinar seus filhos o caminho em que devem manter os passos para não se desviarem dele evitando-se, mais à frente, colherem frutos ruinosos (Provérbios, capítulo 22, versículo 6).

A verve musical de Álvaro Tito, por sua vez, possivelmente tenha ligação com fatores hereditários, isso porque tanto sua mãe quanto seu pai trazem a musicalidade nas suas veias, tendo composições inseridas em todos os trabalhos do cantor.

Seu pai, por exemplo, o pastor Jorge Severiano, participou da gravação de um compacto simples, bem antes de o filho pensar em carreira, executando um violão, acompanhado do pastor Geraldo Arsênio, no trombone (nenhum dos dois era pastor ainda) e de Isaías Ramos, tio de Álvaro, irmão de sua mãe – já falecido – como intérprete.

A música principal do disco, de capa em preto e branco, era *Reconciliação*, do próprio Isaías.

Corria o final dos anos 60, quando a família já congregava na Assembleia de Deus de Campo Grande, então liderada pelo saudoso Pastor Carlos Malafaia.

Álvaro contava apenas com seus 3 anos de idade e, sem quaisquer receios de plateia, era carregado no colo pelo pastor Carlos que o colocava numa cadeira para cantar ao microfone da igreja.

Passados alguns anos, aprendeu a tocar vários instrumentos musicais com facilidade: o violão, sax tenor, bombardino e bateria.

O violão auxiliava-o a compor suas primeiras canções – naqueles tempos somente tratadas como músicas sacras ou hinos, pois chamá-los de outra forma não era considerado uma atitude de "crente".

Há de se ressaltar, no entanto, que no mundo da música pop existem canções que recebem a honraria de serem chamadas de hinos; muito disso se deve ao sucesso que representam, avançando nos anos, sem que tais obras caiam no esquecimento. Por isso, o rótulo de "hinos".

We are the world (Michael Jackson/Lionel Ritchie), por exemplo, canção gravada em 1985, por 45 dos maiores ícones da música mundial, visando angariar fundos para o combate à fome no Continente Africano, é tida como um hino por muita gente e pela crítica especializada.

Tito crescia e, agora, na transição da fase criança-adolescente, frequentava a classe infantojuvenil da Escola Bíblica Dominical dirigida pelas professoras Raquel e Miriam Malafaia e Nilma Gonçalves.

Atuava na banda musical da igreja integrando o naipe dos instrumentos de sopro com seu saxofone, juntamente, com seu primo Mateus, que tocava clarinete.

Aliás, foi justamente nessa época de escola dominical que nos conhecemos, e no primeiro dia de aula, na classe, já fizemos uma amizade que perdura até os dias atuais. E nisso já se vão quase 35 anos.

A igreja organizava os conhecidos retiros espirituais na congregação postada em Seropédica (no quilômetro 40 da antiga Estrada Rio-São Paulo), durante os dias de carnaval, e uma das atrações que concentrava bastante a atenção das pessoas presentes no retiro, principalmente dos jovens, era o concurso de música que se realizava: o inesquecível *COMEV* – Concurso de Música Evangélica.

Os candidatos eram excelentes intérpretes e vinham não só da igreja-matriz como de outras congregações para participarem do evento. No concurso do retiro de 1977, Tito concorreu com *O amor de Deus*, música de sua autoria, ganhando o troféu de primeiro colocado.

Muitos anos depois, na década de 90, *O amor de Deus* foi escalada para compor o repertório do *LP Deus está aqui*, da gravadora *Nancel Produções*.

No retiro seguinte – dessa vez, fui testemunha ocular – Tito inscreveu-se com a balada *Livra minh'alma*, novamente angariando a medalha de vencedor. *Livra minh'alma* foi, mais tarde, gravada no disco Cenas (aquele em que Álvaro é retratado, além da roupa toda em tom marrom, com o violão e vários esboços de partituras, sugerindo o momento de confecção dos arranjos musicais daquele LP).

Na terceira vez que presenciei a promoção do concurso "anticarnavalesco", lá estava Tito defendendo seu título, agora com a música autoral *Quando será*.

Tudo indicava uma nova vitória de Tito quando, inusitadamente, vi surgir num concurso de música evangélica, ainda que informalmente, a condição de candidato *hors concours*.

O querido pastor Carlos Malafaia, entendendo a necessidade de se conceder a oportunidade a outros valores, alçou João Sarmento, segundo colocado, à condição de primeiro.

E, no fundo, ele foi sensato!

Analisando detidamente a questão, podia-se ver que somente Tito utilizava-se de obras musicais inéditas, isso porque os demais concorrentes valiam-se de sucessos da época gravados, principalmente, pelos cantores Ozeias de Paula, Shirley Carvalhaes, Carlos de Oliveira etc.

Segundo as palavras do musicólogo alemão *Hugo Reimann* (falecido em 1919), "o maior elogio feito a um instrumentista é dizer que ele canta", isso porque a voz humana é o instrumento mais perfeito de todos.

Daquela turma, que contava com Ana Nunes, Joel Arsênio, Miriam Cabral, Siméa Arsênio, João Sarmento, para lembrar alguns, realmente, apenas Tito seguiu carreira musical, excetuando-se Joel Arsênio, que gravou um trabalho em disco, incluindo uma música de Manoel S. O. Filho, também primo de Álvaro, chamada *Espere um pouco mais.*

Acho interessante revelar aqui, nestas páginas, a origem da pronúncia forte de Álvaro Tito no que tange à letra "R".

Ele sempre primou por cantar apresentando a dicção, da forma mais perfeita possível, e um dos itens que pontuava na votação dos jurados, inclusive, era a correta expressão das palavras pelo intérprete. O pastor Jorge instruía-lhe a pronunciar "Senhooooorrrr" ou "amoooorrrr".

Lembro-me de "reclamar" com ele dando o exemplo do Paulo Cezar, líder do Grupo Logos, nascido no Rio de Janeiro e que, mesmo radicado no Estado de São Paulo, por vários anos, permaneceu com o sotaque carioca, em suas belíssimas canções – são 78 gravadas pelo Grupo – enquanto Álvaro cantava, em alto e bom som: "Pois, não há barrrrrrrrreirrrrrras...".

Algum tempo depois passei a entender mais esse pormenor, até mesmo porque participei de um coral e vi como era importante a dicção das palavras na música.

Enfim, os admiradores de Álvaro não estão muitos preocupados com seus "erres" em excesso e deve ter gente achando até interessante essa história.

A Assembleia de Deus, situada na Avenida Cesário de Melo, avenida esta ironicamente conhecida como *Esquina do pecado*, no bairro de Campo Grande, foi palco de grandes acontecimentos durante a juventude de Álvaro Tito.

Ali, costumeiramente, apresentava-se cantando as músicas que o Senhor concedia para ele em inspiração, e, em algumas ocasiões, utilizou-se da escatológica canção *Jerusalém (Nova cidade de Deus)*, de Elson Rodrigues, o emblemático "Cantor do Apocalipse", hoje (2011) ainda em plena atividade com seus 77 anos.

Capítulo 2

Criação do Conjunto *Sublime Louvor*

Cabe ressaltar, no entanto, que pouco antes de adentrar o estúdio para sua primeira gravação, uniu-se aos primos Manoel Severiano (apelidado de Nenel e nos créditos dos discos sempre usando o pseudônimo de Manoel S. O. Filho), Mateus, a mim e ao amigo Samuel Cabral, quando após uma "reunião" em sua casa e com sua pronta adesão, resolvemos criar o Conjunto *Sublime Louvor* (conjunto, porque em 1980 não se falava "Banda", como hoje se diz!).

A partir dali, começamos os ensaios do *Sublime* com a linda canção intitulada *Na primavera*, gravada em LP pelo cantor Benilton Cunha, LP este que era vendido na lojinha de material evangélico que existia na igreja Assembleia de Deus de Campo Grande.

Tito soprava o diapasão e dividia as vozes de acordo com os timbres (tenor, barítono e baixo) e, para conferir se a afinação estava a contento, gravava toda a execução da música num daqueles antigos gravadores da marca *Aiko*, acompanhando a melodia com seu violão.

Era uma espécie de filtragem sonora. "Você *está* desafinando!" ou "Cante mais suave!" eram algumas expressões ditas, buscando-se a perfeição do ensaio.

Por falar no gravador *Aiko*, uma lembrança tragicômica que aconteceu em 1980.

Estávamos Álvaro e eu, em sua casa, ouvindo uma nova composição dele chamada *Pra me salvar* (até hoje inédita) e outras novidades lançadas em disco no mercado da época, nacional e internacional, como foi a jazzística *Novo Tempo* do cantor Ivan Lins.

Geralmente, essas conversas varavam a madrugada (fato até normal para quem lida com música), porém, nesse dia minhas "baterias" estavam findando, enquanto Álvaro falava e tentava manter minha atenção no assunto.

O bendito gravador não tinha os pinos do cabo de alimentação, e os fios improvisados eram introduzidos na tomada para que funcionasse.

Álvaro, do alto de seus 15 anos de idade, não titubeou: num momento de cochilo, tocou, intencionalmente, o fio no meu braço, dando-me um inesperado choque, fazendo-me ficar, literalmente, elétrico, espantando, por completo, o sono que me acometia.

Pois é. Álvaro sempre foi um menino muito "chocante"!

A primeira apresentação que o *Sublime Louvor* fez na igreja foi num culto dedicado aos jovens, numa noite de sábado. O departamento da mocidade tinha como coordenador o hoje jubilado pastor Geraldo Arsênio e que quando chamava alguém para falar ou cantar, enquanto este não subisse ao púlpito sempre puxava o corinho que tinha os versos "pois a tua presença faz a tempestade e o vendaval se aquietar, pois a tua presença, Oh, Deus, faz até a terra tremer... Se existe algo que me faz cantar, se existe algo que me faz chorar, esse algo, Senhor, é a tua presença" *(sic)*... Esses versos fazem parte do refrão da música do LP *Tua presença* do cantor e compositor

Oseias Cordeiro (que também é dentista), disco da gravadora Bandeira Branca.

A apresentação do Conjunto *Sublime Louvor*, com toda aquela divisão de vozes, causou certa admiração nos irmãos, naquela noite, isso mui provavelmente se considerarmos que eram rapazes adolescentes que tinham uma característica incomum em relação à maioria dos jovens daquela igreja que era cantar canções inéditas e compostas por eles mesmos.

Os componentes do conjunto, com exceção do Mateus e do Nenel, não estavam empregados no mercado de trabalho e na nossa "*avant-premiere*" – digamos assim – subimos ao púlpito vestidos com camisa de manga comprida, embora o traje não fosse o ideal para a liturgia da época. Em razão disso, sofremos uma reprimenda do pastor, depois de cantar.

Mateus trabalhava na loja de roupas *Margarita*, no Centro de Campo Grande, e Nenel, no barzinho do Seu Valdir, perto de sua casa.

Éramos muito jovens e naquela faixa etária a maturidade não nos era tão íntima.

Fazendo aqui *mea culpa* pelo nosso ato, sabemos, por exemplo, que Abrão (Deus ainda não tinha mudado seu nome), o grande patriarca, tinha a idade bastante avançada e Deus ainda o mandava ser maduro (Gênesis, capítulo 17, versículo 1).

Mas, o conjunto não agiu com rebeldia. Pelo contrário.

Obedecendo às observações emanadas do pastor, na programação seguinte, lá estava o Sublime Louvor "vestido a caráter", ou seja, quem não tinha paletó e gravata conseguiu emprestado.

Ficamos felicíssimos por participar daquele culto de passagem de ano. Não desobedecemos ao pastor da igreja. E o mais importante: agradamos a Deus!

As reuniões do Conjunto *Sublime Louvor* para os ensaios resultavam em momentos proveitosos e quando orávamos Deus abençoava-nos com sua presença.

A lembrança não apaga inclusive uma noite de abril de 1980 em que comemorávamos o aniversário do Mateus, lá na casa dele. Tudo teve o seu momento, mesmo as brincadeiras, até que Álvaro pegou o violão e comecei a cantar, com sua ajuda, a canção *Mãos sublimes*, feita para ocasiões de passagem de aniversário. A sala foi invadida por uma paz tão grandiosa, levando-nos a não resistir e a ter os olhos marejados de lágrimas.

A não ser a música *Na primavera*, já mencionada anteriormente, a popularidade do conjunto acentuou-se com a inserção das músicas *Vinde a Cristo e Tenho Cristo comigo*, estas do Manoel S. O. Filho (Nenel); *Sublime louvor*, de Elvis Tavares; *Gozo tenho em mim* e *Vem pra Cristo*, do Álvaro (ainda chamado de Tito).

O *Sublime* estava começando a espalhar seu nome tanto em Campo Grande quanto por outros bairros do Rio de Janeiro, começando a receber convites para se apresentar nas igrejas, como ocorreu, certa vez, numa Assembleia de Deus, na Lapa, no centro da cidade, onde fomos acompanhando o então presbítero Elias Gomes.

Fomos convidados a cantar também num culto ecumênico em comemoração ao Dia das Mães num colégio no bairro de Irajuba.

Para se ratificar como são os desígnios de Deus, o autor Manoel S. O. Filho, antes de integrar o Conjunto *Sublime Louvor*, não era sequer membro da igreja, e o Senhor já o inspirara nas obras *Vinde a Cristo e Tenho Cristo comigo* (coautoria de Álvaro Tito), uma confirmação antecipada de sua conversão e do dom musical.

Tenho Cristo comigo foi separada, em 1989, para fazer parte do lindo disco *Ágape*, de Álvaro Tito, uma produção executiva da gravadora RGE, pertencente ao Sistema Globo.

Já *Vem pra Cristo* ganhou uma "levada" reggae, entrando no disco compacto *Levanta-te*, lançado pela *Top Gospel*, em 2002, gravadora, à época, de propriedade do ex-deputado Francisco Silva, paulista de Cunha, proprietário da Rádio Melodia FM.

A história do conjunto ficou em nossas memórias de forma saudável e por servir de prelúdio à carreira de Álvaro Tito. No entanto, por conta das comemorações dos 50 anos da Assembleia de Deus, em Campo Grande, em 1986, pouco antes de se começar a produção do álbum *Não há barreiras*, ocorreu a gravação do LP *Ecos do jubileu*, com a participação dos vários talentos da igreja, sendo que o *Sublime Louvor*, conduzido e integrado por Álvaro, deu sua cota interpretando *Vem pra Cristo*.

Capítulo 3

Selecionando músicas para o primeiro disco

Mesmo antes de se integrar ao inesquecível *Sublime Louvor*, Álvaro já tinha a possibilidade de se tornar um prodígio da música haja vista que a gravadora *Favoritos Evangélicos*, a mesma que tinha como contratados nada menos que Feliciano Amaral, Zilanda Valentim e Victorino Silva, demonstrara interesse em fazer um trabalho em disco com ele.

Álvaro, como qualquer outro cantor entusiasmado em demonstrar seu talento, iniciou a confecção do repertório à espera do *start* da gravadora para adentrar o estúdio.

Essa expectativa durou vários anos e, como o plano humano depende, inteiramente, do divino para evidenciar-se, ainda não seria dessa vez que o disco de Álvaro seria produzido.

Para identificar com mais riqueza essa ansiedade vivida pelo jovem Álvaro Tito, trago para o leitor amigo, um trecho do livreto *Louvor que liberta*, de Merlin Carothers, que li no início dos anos 80 por indicação do meu pai, Juraci, vendo bastante pertinência na citação.

Descobrir o poder que há no louvor foi uma das experiências mais emocionantes que eu já tive; no entanto, cada vez que queria contá-la a alguém, parecia que Deus dizia: "Espere. Ainda não chegou o momento".

Nos anos 80, Dirceu Amaro, ex-vereador pelo PMDB do Rio de Janeiro, em companhia de Rui Otávio, apresentava o programa *Louvor Matinal* na Rádio Copacabana AM, do Rio de Janeiro, e essa programação alcançava ótimos índices de audiência nos lares evangélicos. Um de seus fiéis patrocinadores era as *Óticas Belém* que marcou época com seu *jingle* "Belém, Belém, vou às *Óticas Belém...*", cantado por um coro infantil com a música sempre lembrando o período natalino.

A excelente receptividade dos rádio-ouvintes estendeu-se às ruas, formando a denominada "Caravana do Dirceu Amaro", nas quais, seguindo o modelo da "Caravana de Josias Menezes" (*in memoriam*), vários cantores apresentavam-se para a alegria do público de igrejas, clubes e colégios onde a caravana desembarcava.

Foi nessa oportunidade que Álvaro Tito conheceu o cantor Jorge Barros, cunhado de Ozeias de Paula e que hoje está radicado nos Estados Unidos.

Jorge gravou um disco 33 rotações, pela gravadora *Desperta Brasil*, chamado de *O mesmo amor*, música de Edison Coelho, e usado por Deus, "adotou" Álvaro, logicamente, detectando no rapaz-prodígio o talento incontestável para a música.

A maioria dos cantores da "Caravana do Dirceu Amaro" pertencia ao *cast* da gravadora Bandeira Branca. Um deles era o cantor Ronaldo Reis que tinha uma canção nova incluída nas saídas da caravana, extraída de seu LP recente, *Cristo vem* (de autoria de Edison Coelho). Era a Grande é só Deus, composta por ele que hoje é pastor e tem residência fixada, há vários anos, no sul do país.

Dada à amizade reinante entre os cantores mais requisitados daquela geração, era comum, entre eles, o "empréstimo" ou cessão de cópia dos acompanhamentos musicais dos discos sem a voz, os conhecidos *playbacks*.

Foi assim que Jorge Barros teve em mãos músicas como *Dependo de Jesus*, do disco de Ozeias de Paula; *Jesus é assim*, do disco de Carlos de Oliveira (as duas do Edison Coelho) e *Grande é só Deus* (Ronaldo Reis). Álvaro unia-se a Jorge Barros e Ronaldo Reis, formando um trio, e juntos cantavam *Grande é só Deus.*

Ronaldo Reis trouxe nesse LP intitulado *Cristo vem*, o *blues*, *Minha canção de alegria*, versão (mesmo que não autorizada), de *There goes my everything*, escrita por Dallas Frazier, sucesso do meu xará, *Elvis Presley*, canção incluída, inclusive, no documentário televisivo *Elvis é assim (Elvis: That's the way it is)*, de 1970.

Por falar em versão, Álvaro Tito jamais incluiu uma sequer em seus álbuns, até mesmo porque, tanto ele como os seus compositores cativos (pastor Jorge Severiano, Olindina Ramos, Manoel S. O. Filho e eu), sempre privamos por homenagear a música nacional, riquíssima em valores artísticos, sem qualquer menosprezo à música internacional, na qual bebemos muito em sua fonte.

O apóstolo Paulo manda – "manda", no presente, porque a palavra de Deus é viva! – que sejamos seus imitadores, assim como ele o era de Cristo (1 Coríntios, capítulo 11, versículo 1).

Numa alusão mais entre países (em sentido estrito senso), é notório que o Brasil pratica o mimetismo na esfera musical, com mais afinco em relação aos Estados Unidos da América.

Daí, o "beber na fonte!".

Nem as músicas "tradicionais" que conhecemos dos hinários são nacionais. São canções de autores ingleses, alemães, suecos etc.

O hino *Invocação e louvor*, nº 185 da Harpa Cristã, na verdade, é uma versão de *God save the queen* (Deus salve a rainha), que é o Hino Nacional da Inglaterra.

Imitamos e "exportamos" muita coisa de outros países.

A maioria de nossas músicas evangélicas contemporâneas tem origem no *blues*, no *jazz*, na balada e no *soul*, todos estes ritmos estrangeiros e com gênese na mistura da cultura branca, escravizante, com a negra, escravizada.

Já os ritmos brasileiros são: o baião, o sertanejo, o chorinho e o samba, por exemplo.

Até "nossas" igrejas tradicionais não são originárias de nossas terras.

A igreja Batista; a Congregacional; a Metodista; a Assembleia de Deus e a Presbiteriana, são todas, vindas de fora.

Os programas televisivos, por exemplo, transmitidos para o Brasil, como os do televangelista *Rex Humbard* (falecido em 2007), pela então TVS (hoje SBT), o de *Pat Robertson*, apresentador de *O Clube dos 700*, pela extinta TV Tupi, nos anos 70 e *Jimmy Swaggart*, levado ao ar pela Rede Bandeirantes, nos anos 80, foram fontes de inspiração para alguns pastores brasileiros veicularem seus programas na televisão, como é o caso do pastor Nilson do Amaral Fanini, pioneiro na TV com o programa *Reencontro*.

Para que o leitor entenda melhor a questão relacionada ao mimetismo do Brasil com os Estados Unidos, após mencionar os programas evangelísticos, achei interessante colar trecho do livro *Lições de vencedor*, escrito pelo pastor Silas Malafaia, mais especificamente no capítulo *A vitória do Senhor em minha vida*, quando ele relembra seu início na televisão.

Quando eu tinha uns 20 anos de idade, comecei a me interessar pela televisão. Naquela época, eram exibidos no Brasil programas de televangelistas americanos, e eu ficava fascinado com o poder do alcance da Palavra de Deus pregada pela TV.

Comecei a procurar oportunidades de entrar naquele veículo para levar a mensagem do Evangelho. E assim nasceu o programa Renascer, embrião do que é hoje o Vitória em Cristo. O mais interessante é que eu provenho de uma denominação – a Assembleia de Deus – que durante muitos anos não permitia que seus fiéis assistissem à televisão. Era praticamente um tabu na igreja. Lembro-me de que, quando comecei a pregar na TV, determinado ministério das Assembleias de Deus no Brasil chegou a enviar um abaixo-assinado com nomes de 300 pastores, pedindo minha saída da televisão. Nossa iniciativa foi pioneira na Assembleia de Deus.

A situação vivida pelo querido pastor Silas Malafaia coloca Álvaro Tito como contemporâneo seu e "vítima" de preconceitos semelhantes, visto terem começado seus ministérios em época próxima uma do outro.

Tanto é que Álvaro teve alguns *videoclips* com as canções *Ágape* e *Portais* mostrados no antigo programa *Renascer*, do pastor Silas.

Essa transmissão cultural, tomando os Estados Unidos como exemplo, é percebida em Atos dos Apóstolos, de autoria lucana, em seu capítulo 8, no primeiro versículo, quando se menciona a perseguição aos crentes helênicos que, como Estevão, tiveram uma visão mais ampla do universalismo do evangelho que substituiria o judaísmo, conforme retiramos do texto registrado na *Bíblia Shedd*:

Naquele dia, levantou-se grande perseguição contra a igreja em Jerusalém; e todos, exceto os apóstolos, foram dispersos pelas regiões da Judeia e Samaria.

Certamente uma das demonstrações de poderio de voz dada por Álvaro Tito ocorreu numa solenidade no *ASEAD*, asilo exclusivo para senhoras no bairro de Padre Miguel e mantido pela Assembleia de Deus de Campo Grande, momento em que interpretou as partes mais agudas da música *Dependo de Jesus*, de Edison Coelho, gravada por Ozeias de Paula.

Doutra feita, agora no maior estádio de futebol do mundo, o grande Maracanã, lá estava Jorge Barros, no palco ali montado, cantando a música *O mesmo amor*, na companhia de Álvaro Tito. O pessoal de Campo Grande não se conteve de ansiedade (inofensiva) e organizou-se para prestigiar o menino que viu crescer nos cultos da igreja e que agora passava a trilhar carreira solo.

A *Caravana do Dirceu Amaro* (seria o *showmício*, hoje) procedeu, numa de suas "peregrinações" para o bairro de Campo Grande, reduto residencial de Álvaro.

Findada a programação, todos os cantores e pessoas diretamente envolvidas com o evento dirigiram-se para a casa do "anfitrião" para os atrativos e não menos famosos comes e bebes ou saborosos quitutes – como dizia Dirceu – preparados por Olindina Ramos, mãe de Álvaro.

Lá estiveram: Jorge Barros, Ozeias de Paula, Edson e Telma Coelho, Ronaldo Reis, Izete Santos (mãe do querido cantor Marcelo Santos, o Marcelão), Otília de Paula, Paulo Moreira, David Montenegro, Adilson Rossi, entre outros.

Davi Montenegro, antes da conversão ao evangelho, havia sido cantor popular e, em sua carreira, gravou um compacto com a música *Sarambô*, que, no original, fazia parte da trilha sonora do filme *Lawrence da Arábia.*

Davi, quando cantava *Cristo já ressuscitou (Christ the Lord is risen today)* de *Charles Wesley*, obra tradicional integrante do LP *Transformação*, saído pela extinta Desperta Brasil, erguia um dos braços com o punho cerrado, passando para o público sua convicção e certeza da ressurreição de Jesus, abordada na letra.

Adilson Rossi, hoje pastor e deputado estadual, pelo Partido Social Cristão – está em seu segundo mandato por São Paulo pelo PSC – passava uma temporada no Rio, comprovadamente, com mais movimentação na música gospel naquela época.

Adilson havia gravado o LP *O crente não chora em vão*, pela Califórnia Discos, aproveitando para divulgá-lo, na Cidade Maravilhosa, enquanto convidado a integrar a "Caravana do Dirceu Amaro".

Adilson faria o próximo trabalho, em disco, pela gravadora paulista, *Bom Pastor* e, nesse dia dos comes e bebes, na casa do Álvaro, pediu que ele preparasse uma fita com algumas músicas para que pudesse escolher para gravar.

No dia da escolha das obras para Adilson Rossi, Álvaro perguntou-me se eu tinha alguma canção para incluir no cassete.

Foi aí que lhe mostrei a balada *Tenha amor pelas almas*. Mas, ao ouvi-la, Álvaro percebeu que a música estava "meio capenga", sugerindo criar um refrão para ela.

Resultado: a fita cassete tinha várias músicas de Álvaro Tito, todavia, quando estive com Adilson Rossi, em São Paulo, em 1983, o disco tinha saído e, meio sem graça, perguntei sobre as músicas. Para minha surpresa, somente T*enha amor pelas almas*, das que foram na fita, entrou no LP Luz, sendo a primeira do lado B.

Mas, no disco seguinte, Adilson incluiu a canção *O Reino de Deus*, de Álvaro, música que estava naquela fita.

Nessa confraternização na casa de Álvaro, numa conversa dele com Paulo Moreira, cantor remanescente da geração vinda após Feliciano Amaral e Luiz de Carvalho, ficou decidido entre ambos que Álvaro mostraria algumas canções para seu próximo trabalho.

Foi assim que a música *Seu amor é bem maior* (Álvaro Tito/ Elvis Tavares) entrou no LP *Ao pé da cruz*, de Paulo Moreira, sendo este um dos primeiros a serem distribuídos, em massa, em locais de venda não propriamente evangélicos, incluindo-se, aí, bancas de jornal e com propagandas e pôsteres afixados e espalhados em diversos pontos da idade.

Capítulo 4

Gravação do LP *Meu ser para Cristo*

Enfim, prosseguindo na cronologia biográfica de Álvaro Tito, Anésio Sarmento permanecia como o diretor-executivo da gravadora Desperta Brasil e já havia lançado grandes sucessos como o notável LP *Entrei no templo*, de Ozeias de Paula.

Contava, além da gravadora, com lojas para comercialização de discos e diversos produtos evangélicos.

Com seu espírito empreendedor – hoje seria chamado de *talent-scout* – o pastor Anésio viu em Álvaro Tito o protótipo perfeito de um grande cantor.

Tanto percebeu essa musicalidade que levou Álvaro para a Desperta Brasil, fechando, finalmente, o ciclo de buscas por uma gravadora e reforçando a questão dos tempos sabiamente descrita por Salomão (perdoem-me a redundância) no livro de Eclesiastes, capítulo 3.

Enfim, estava tudo acertado para a produção do primeiro disco de Álvaro. Passava-se o ano de 1982. Era hora de revisar o já antigo repertório que tinha separado. Algumas músicas permaneceram outras foram mudadas, mas a certeza era de que Deus estava conduzindo tudo.

Uma das novidades seria a inserção de obras do autor Edison Coelho, sem sombra de dúvida, o maior compositor da música evangélica nacional.

Naqueles tempos ouso dizer que nenhum cantor podia ou devia gravar um LP dispensando a inclusão de canções (ou hinos, como se definia) do Edison.

Apenas para descontrair, numa das mais recentes conversas que tive com o Edison, por telefone, ele disse brincando que até seu nome representava envolvimento com a música, ou seja, "É DE SOM", que seria uma espécie de corruptela do nome "Edison".

Voltando à questão das músicas compostas por ele, com Álvaro Tito não foi diferente.

Sua expectativa com as obras enviadas numa fita cassete pelo compositor paulista, nascido em Campos do Jordão, era tanta que reuniu "seu clã", formado por ele, Mateus, Nenel, Zé (José Severiano, ativo participante de seus backing vocals) e eu para uma verdadeira banca de audição das valiosas músicas do Edison Coelho.

Quando Álvaro mostrou a lindíssima *Não será um sonho*, logo de estalo a música foi promovida ao repertório do disco.

Além dela, Edison enviou também uma canção em tom menor, intitulada *Dentro do templo.*

Iniciando-se pelo título dessa segunda música, percebi, de imediato, uma semelhança com outras duas composições do Edison, feitas a outros dois cantores. A explicação é bem sutil.

O autor cedeu a Ozeias de Paula, ainda nos anos 70, o estrondoso sucesso de vendas, *Entrei no templo.* Logo depois surge no cenário Carlos de Oliveira, outro tenor. Edison não se fez de rogado e compôs para ele a belíssima canção *Eu te contemplo.* Para completar, começando os anos 80 (lembrado pela mídia secular como a década perdida), surge Álvaro Tito, mais um tenor. Edison Coelho não deve ter pensado duas vezes e passou-lhe a balada *Dentro do templo*.

Numa determinada tarde, eu acompanhava Álvaro na revisão das obras selecionadas para o pioneiro disco *Meu ser para Cristo*. Conversávamos sobre tudo o que cercava a produção. Detalhes, como, arranjador, *backing vocal*, possíveis músicos, quando, repentinamente, Álvaro comentou que faltava uma música de minha autoria.

Quase caí da cadeira diante dessa sua observação!

Quem não gostaria de ver uma música sua num disco de um grande cantor e, ainda mais, sendo esse cantor um amigo desde as aulas de escola dominical da classe infantil na igreja?

A noite vinha chegando, seus pais já haviam se recolhido, quando Álvaro apanhou o violão, pedindo-me para mostrar alguma música para ele. Interessante é que tinha que cantar baixinho, quase que solfejando, para não acordar seus pais.

Ensinei-lhe as músicas *Ele é* e *Geração cega*, sendo a primeira, a canção escolhida.

Depois daí começou o suspense que por vezes fazia quando ele me pedia uma canção para gravar e só revelava a escolhida com o disco já pronto.

Pelo menos foi assim com *Vem ficar comigo* (do LP Deus transforma) e, em escala menor, com *Não há barreiras* (do disco homônimo).

Outra boa lembrança envolvendo a primeira gravação de Álvaro Tito atendia pelo nome de Cirino de Andrade, que compôs *Faça uma oração*, quinta do lado A do LP *Meu ser para Cristo* e desde a sua inclusão no rol das que seriam gravadas, Álvaro, mesmo refazendo essa relação algumas vezes, não mexeu nela.

Antes do disco de Álvaro ser gravado, Cirino teve alguns encontros com o cantor, dos quais participei.

Vale lembrar que Álvaro foi colega de turma de Cirino de 1978 a 1979 quando frequentavam a mesma sala na Escola de Música Villa-Lobos, no Centro do Rio.

Compusemos a inédita *Não dê vazão à tristeza* (Cirino Andrade/Álvaro Tito/Elvis Tavares) e até formamos o Trio CELT (obviamente, "C" de Cirino; "EL" de Elvis e "T" de Tito).

Chegamos até a participar de um evento no município de Queimados, Rio de Janeiro, num cinema que inexiste atualmente.

Cantamos *Não dê vazão à tristeza* e quando o ainda Tito solava a canção *Vontade de viver*, de Manoel S. O. Filho, a energia elétrica acabou no cinema, desligando a guitarra. Álvaro, no entanto, com surpreendente tranquilidade, continuou, *a capella*, sem interromper o andamento da canção.

Cirino tinha obras nos discos pioneiros da cantora Shirley Carvalhaes, *Acima das estrelas e Morada de Deus*, inclusive, neste último, a música *Solução*, de Cirino Andrade, ficou bastante conhecida do público cristão, sendo cantada por grupos jovens de várias igrejas.

Cirino foi gravado depois pelo conjunto *Cantores de Cristo.* A música era o *pop rock Amigo leal,* que utilizamos até nos tempos do *Sublime Louvor.*

Ozeias de Paula incluiu em seu disco Devo ser (aquele da capa de foto em contraluz), um vinil de 1983, as canções de Cirino intituladas *Se todos amassem mais e Feliz matrimônio.*

Cirino, nos últimos anos, atuava como corretor de imóveis e residia em Itaboraí, município do Rio de Janeiro.

Nosso amigo partiu para a eternidade em 2010.

Cresci ouvindo rádio, por influência de meu pai. Às vezes pela manhã, ele ligava numa AM (só existia AM!), antes de sair para o trabalho e mesmo à noite, em momentos de descanso.

Desse tempo, consigo lembrar os locutores Antônio de Almeida, Luiz de Carvalho (não era o cantor), Paulo Giovani, para ficar em três deles.

Quando Álvaro Tito gravou o LP *Meu ser para Cristo*, o programa *Desperta Brasil* tinha a condução do hoje pastor Anésio Sarmento. Numa dessas audições, recordo-me de que Anésio perguntou ao cantor Ozeias de Paula sobre sua impressão a respeito do disco de Álvaro.

Ozeias felicitou o novo cantor que chegava, alertando-o, no entanto, para que cantasse com sua própria voz.

E tal fato é mesmo passível (e possível) de acontecer.

Muitos cantores e cantoras – arrisco-me a dizer: a maioria – começam suas carreiras, influenciados por outro intérprete, às vezes, até inconscientemente.

A voz de Álvaro Tito lembrava o timbre de Ozeias de Paula, assim como a de Carlos de Oliveira também, lembrava. E seu conselho, dado pelas ondas da rádio Copacabana AM, foi seguido fidelissimamente pelo "discípulo", tanto é que já no vinil *Deus transforma* não se vislumbrou semelhança de estilos entre eles.

Pelo contrário. Ozeias gravou três músicas de Álvaro Tito, compostas *à lá Ozeias*, logicamente, e isso não constituiu dificuldade para Álvaro porque conhecia bem o estilo das canções do grande cantor mineiro de Muriaé.

Aliás, é bom que se diga que algumas cantoras do gospel brasileiro começaram suas carreiras, entre as décadas de 80 e

90, com fortíssimas influências nas cantoras norte-americanas *Whitney Houston* (falecida em 2012) *e Mariah Carey*.

Sorte delas é que os tempos eram outros!

Vale aqui a boa lembrança do repertório do primeiro disco de Álvaro Tito com cinco músicas do lado A e cinco do lado B, fugindo das doze tradicionais (seis de cada lado), porque a duração de algumas extrapolava o tempo entendido como ideal para um vinil na época.

Por conta dessa ultrapassagem excessiva dos minutos, a canção A *vida* do Edison Coelho, já pronta, teve que ser "limada".

Lado A

Meu ser para Cristo (Álvaro Tito)
Dentro do templo (Edison Coelho)
O navegante (Jorge Severiano)
Bíblia (Álvaro Tito)
Faça uma oração (Cirino Andrade) In memoriam

Lado B

Quando (Manoel S.O. Filho)
A escolha (Olindina Ramos)
Não será um sonho (Edison Coelho)
Vida, amada vida (Isaías Ramos) In memoriam
Ele é (Elvis Tavares)

As produções da gravadora *Desperta Brasil* eram realizadas na cidade de São Paulo, nos estúdios *Esquema, Publisol* e *Matrix*, dirigidas pelo técnico de som boa praça, Diogo Ávila

Trivinho, sempre com seu cachimbo à mão. Fosse hoje, seria alcançado pela lei antifumo e não usaria o tabaco naquele ambiente fechado.

Imagine a cena insólita: cantores evangélicos gravando seus discos num estúdio exalando aroma de "chocolate enfumaçado" vindo de um cachimbo!

É preciso retroagir ao momento em que Álvaro Tito remete à fita cassete para São Paulo para que o maestro fizesse os arranjos das músicas.

Meticulosamente, música por música, uma a uma, foi detalhando suas preferências e sugestões para o arranjador.

Fita cassete postada para a Terra da Garoa, enfim, chegou o dia da viagem para São Paulo para a tão sonhada gravação.

O cantor viajou em companhia do amigo Jorge Barros e não ficou muito tranquilo em seu primeiro voo de avião, assustando-se um pouco.

Antes de embarcar na aeronave surgiu um contratempo: Álvaro, ainda em idade escolar, não trazia qualquer documentação para apresentar no *check-in*.

O jeito foi lançar mão da carteira de identidade do pastor Alberto Serafim que, em razão da mesma cútis de Álvaro, não despertou qualquer desconfiança no agente da companhia aérea, lembrando, guardadas as devidas proporções, o estratagema utilizado por Davi no qual fingiu-se amalucado perante Abimeleque.

Álvaro chegou ao prédio do estúdio e, quando acessou o elevador, juntamente com ele entrou um cidadão barbudo, magro, meio *hippie*.

Qual não foi sua surpresa quando, no interior do estúdio, ao identificar-se como o cantor Álvaro Tito, procedente do

Rio de Janeiro, para gravação de um LP, deparar-se com o cidadão que, momentos antes, embarcara no mesmo elevador.

Tratava-se do maestro Luiz Antônio Karam. Músico conceituado no meio musical e que, inclusive, era tecladista da cantora paraense Fafá de Belém. O estúdio *Esquema* era analógico e dispunha de quatro canais. Eu disse quatro canais!

Apenas quatro canais para colocação de voz do cantor, dos vocais, de cordas (violinos, violas e violoncelos), de metais (trompete, trombone, clarinete, flauta), bateria, guitarras base e solo, contrabaixo, teclados etc.

Era como se juntassem 15 pessoas, por exemplo, e as espremessem no interior de um fusquinha.

Nas gravações é comum utilizar a expressão "o disco ficou pesado". Isso significa que houve a captação perfeita dos sons, podendo-se perceber após a mixagem (chamada, em Portugal, de *misturagem*) que os instrumentos ficaram equilibrados e distribuídos em canais em número suficiente para dar "peso" ao disco.

É justamente por isso que qualquer disco mais antigo tem, predominantemente, características sonoras mais em sistema *mono* do que em *estéreo*, ou seja, a qualidade instrumental ficava prejudicada em razão da deficiência tecnológica outrora reinante.

Dias desses, ouvia um CD da saudosa cantora evangélica estadunidense *Mahalia Jackson*, que foi uma das primeiras a gravar *Vem com Josué lutar em Jericó (Joshua fit the battle of Jericho)*, tendo a comprovação nítida da qualidade instrumental deficitária, mas que, mesmo assim, não retirava a beleza das canções.

Pois, bem. Meu ser para Cristo, mesmo forjado em quatro canais, permitiu uma audição a contento e com identificação límpida dos timbres usados.

Karam permanece em franca atividade, ficando bastante conhecido por ser, praticamente, maestro exclusivo da gravadora paulista, *Bom Pastor*. Foi dele também os arranjos musicais do segundo disco de Álvaro pela *Desperta Brasil*, o LP *Deus transforma*.

Com a voz colocada nas músicas de seu primeiro disco, Álvaro retornou ao Rio de Janeiro, trazendo consigo, além da sensação de felicidade, o *playback* de todas as canções para OUVIR, OUVIR e OUVIR e, como não poderia deixar de ser, mostrar à família e ao "eterno clã".

Tudo aquilo era uma grande novidade para todos.

Eu mesmo demorei a perceber e responder ao Álvaro, quando me perguntou a música que o gravador executava, sem saber que era a canção *Ele é* que tocava na fita de rolo (*reel recorder*), isso por não conter a voz dele.

Aliás, é bem salutar dizer aqui a preocupação reinante com as letras que escrevíamos buscando-se evitar, dessa forma, que caíssemos numa simples incorreção gramatical ou, pior, em construção indesejável de uma heresia.

A canção *Ele é*, na linha inicial do refrão, originariamente, dizia: *quem faz a lua se encher...* Não que se tratasse de heresia, mas nosso revisor-mor, o pastor Jorge Severiano, de ouvidos atentos, sugeriu passar o verso para *quem faz a lua aparecer...*

Outro "conserto" literal realizou-se na letra da balada *Quando* onde o trecho... e *Ele dará a extrema unção...* foi passado para ...e *Ele dará a divina unção.*

Há que se fazer uma segunda *mea culpa* dos jovens autores, recém-saídos da adolescência, sem profundos conhecimentos teológicos para passarem para o papel, e com registro num disco, tamanha responsabilidade.

Daí a importância de uma revisão com base bíblica.

Falando no pastor Jorge Severiano, não posso deixar passar *in albis* (não resisti ao uso do latim!), as letras elaboradíssimas de suas melodias e ricamente contextualizadas com as predições das Escrituras. A primeira a ser gravada por seu filho, Álvaro Tito, foi O navegante, cuja letra está seguir.

Trata-se de uma poesia de palavras encorajadoras, na qual o protagonista mostra o pleno reconhecimento de que Jesus, independentemente de qualquer barco à deriva em que esteja navegando, e com sérios riscos de naufrágio, sempre será o seu socorro. Há muito a propósito, na música, a menção à passagem de Apocalipse, capítulo 2:10 (*in fine*).

Vale a pena relembrar a letra de *O navegante*.

O navegante

(Pr. Jorge Severiano/Efrata Music Ed.)

O homem no mundo em um charco
É no mar qual barco, sem rumo a vagar
Pelo vento forte açoitado
Na onda é levado a qualquer lugar
Mesmo por alguém dirigido
Mas desprotegido é debalde lutar
Vai dar entre a onda e o rochedo
Lhe abate o medo pelo naufragar
Rumando à terra prometida
No mar desta vida estou a navegar
E o navegante há que ser forte

Não temer a morte nem o marulhar
Se levo Jesus como guia
No meu dia a dia da vida aqui
Espero alcançar a glória
Cantarei vitória ao chegar ali

Eu sei Jesus que a vida no mundo é de tribulação
Só não posso esquecer-me de Ti
Estou seguro pela tua mão

Quando a tempestade me alcança
E não há bonança quando em alto mar
Meu barco leva rumo certo
E em tempo encoberto estou a remar
Nas tempestades desta vida
Eu tenho guarida em meu Salvador
Pois ele é quem me diz: "se forte fiel 'té a morte
Sou eu teu Senhor!"
Sofrer as agruras da vida
Mas tê-la vivido aos pés de Jesus
É conservar a esperança
De possuir a herança do Reino da Luz
No Reino há lugar preparado
Por Cristo guardado ao vencedor
Que ao terminar a carreira
Será coroado pelo Criador

Agora a expectativa era pela entrega do disco vindo da fábrica. A espera pela bolacha de vinil tão almejada e desejada por muitos anos. Esse dia sonhado, enfim, chegou. Ligaram da gravadora dando as boas novas. .

Acompanhei Álvaro até a loja da *Desperta Brasil*, na Rua Buenos Aires, no Centro do Rio, quando recebeu uma peça do disco (o valioso acetato negro) para que pudesse ouvir e curtir seu primeiro trabalho.

Como de costume, o rótulo do vinil era de coloração abóbora, estampado com a sigla "db", impressa no rótulo, junto aos créditos.

Parecida, diga-se de passagem, com a abreviatura de *decibel*, ou seja, "dB", esta, no entanto, trazendo a letra "B", em maiúsculo, dada sua derivação do nome do inventor escocês, *Alexander Graham Bell* (aquele mesmo do telefone).

Abóbora também era a cor do *Ford Belina* que o pastor Jorge Severiano tinha e que por muitas vezes trafegava apinhado de gente rumando para uma nova programação, como aconteceu certa vez em que fomos para Paracambi, município fluminense, num antigo clube construído à base de madeira.

Naquele tempo ainda existia o refrigerante *teen* (sabor limão), distribuído pela *Pepsi-cola.* Tomei um porque o calor dentro do clube estava insuportável. Paracambi era onde morava o cantor (hoje pastor) Ronaldo Reis e seu disco de carreira, na ocasião, chamava-se *Cristo vem*, música de Edison Coelho.

Para se ter uma ideia da coisa, tivemos que trazer o vinil da gravadora encartado numa capa do LP *Anjo criança* da querida dupla Edison & Telma porque a do *Meu ser para Cristo* ainda não estava pronta na gráfica.

Embarcamos num ônibus da linha 397 (Largo de São Francisco – Campo Grande). Fazia sol naquela tarde. Álvaro sentou-se junto à janela e eu no corredor, segurando o disco como um tesouro inestimável (e realmente o era!), tentando proteger o acetato do calor o máximo possível para que não empenasse.

A pior coisa num disco de vinil era ficar empenado, arranhado ou com a agulha rombuda.

Para quem não viveu a época dos LPs, se estivessem empenados isso poderia fazer com que a agulha "pulasse" dificultando a audição, podendo danificar o acetato, definitivamente.

A foto da capa do disco *Meu ser para Cristo* traz o ainda infante Álvaro de semblante sério. A decisão partiu dele mesmo, embora muitas pessoas achassem que uma foto sorrindo fosse melhor para um adolescente. Mas, na realidade, a preocupação do cantor estava no fato de não saber como parte do povo evangélico de então receberia o trabalho musical que abraçava com apenas 16 anos de idade. Daí sua opção por não sorrir na foto.

O fotógrafo Guilherme Barroso pediu que o cantor comprimisse um pouco o lábio inferior, forçando-o a "segurar-se" em razão do pedido, deixando ali um sorriso meio enigmático, isso porque o cantor fez de tudo para não cair na gargalhada.

A apresentação do disco na contracapa coube ao amigo, o hoje pastor Jorge Barros, como forma de retribuição à ajuda significante que deu ao cantor e que muito impulsionou seu início de carreira.

Jorge brincava *offline* imitando um *jingle* para divulgação em rádio, anunciando o lançamento do disco:

"Você está ouvindo Álvaro Tito no LP *Meu ser para Cristo*. Esse *neguinho* você encontra em todas as lojas do ramo!"

Detalhe é que se ouvindo apuradamente a canção *Meu ser para Cristo* é nítido o momento em que Álvaro, durante a colocação de voz no estúdio, abre um sorriso ao pronunciar os versos *como os olhos precisam de luz para verem a imagem que reluz...*, mostrando, certamente, a satisfação por aquele presente que o Senhor estava o concedia.

Vale a pena relembrar, mais uma vez, a letra da melodia.

Meu ser para Cristo
(Álvaro Tito/Efrata Music Ed.)

Qual orvalho que restaura a flor
Num suave beijo lhe enfeita a cor
Me és conciso, me és preciso
E em Ti vou vivendo e dependo de Ti, Senhor
Como os olhos precisam de luz
Para verem a imagem que reluz
Tu és para mim algo sem fim
És meu tudo, meu tudo, Jesus

Meu ser pra Ti, Senhor
Eu quero dar
Pois, sem que sem Ti, não consigo andar
Eu sou tão falho mesmo assim me amas
E a cada instante sei que Tu me chamas
Preciso de Ti como se anseia a paz
E a cada dia te amo mais e mais

Curiosidade: a penúltima frase da letra do refrão de *Meu ser para Cristo*, ou seja, "preciso de ti..." originariamente seria "dependo de ti...". No entanto, nosso maestro e mentor musical, Edison Coelho, havia composto o sucesso *Dependo de Jesus* para Ozeias de Paula e, em atitude de respeito, Álvaro achou por bem mudar o verbo, desistindo do gerúndio.

No mundo musical a questão da música-título sempre foi de muita relevância. Geralmente é essa a que "puxa" o disco, sendo executada nas rádios e cantada pelos cantores constantemente nas igrejas e nas diversas programações. Assim também acontece no universo da música pop secular. Não se trata, até hoje, de uma regra a ser seguida a ferro e a fogo. Em princípio porque o que faz a história da música é a própria música. O que não impede, entretanto, que produtores de disco, equivocadamente, "trabalhem" a canção errada na mídia e enterrem uma produção benfeita.

De alguma forma, isso aconteceu com o primeiro LP de Álvaro Tito, no que concerne especificamente à canção-título.

A semelhança é vista no fato de que a música carro-chefe e que abria o LP, ou seja, a balada *Meu ser para Cristo*, composta por AT, apesar de sua beleza e harmonia, mesmo relacionada como a primeira do lado A, cedeu lugar para outra balada, a primeira do lado B, intitulada *Quando*, de Manoel S. O. Filho, o Nenel, primo do Álvaro. A música vinha com um oboé na introdução e passou a "dominar" o gosto popular dos evangélicos admiradores da voz do cantor.

A balada *Quando* "explodiu" nas emissoras e, consequentemente, "caiu", em cheio no agrado dos irmãos das igrejas. Estava ali uma possível aplicação da máxima *vox populi, vox dei*.

Não devendo esse jargão ser confundido – por favor – com a tradição criada na Grécia em que se consultava o "deus"

Hermes em busca de uma resposta, ocasião em que a pessoa necessitada de ajuda tapava os ouvidos com as mãos ao sair do oráculo. O primeiro que lhe falasse à rua, tal palavra seria a resposta “divina” para suas indagações.

Daí, a origem do ditado *a voz do povo é a voz de deus.*

Essa popularidade de Álvaro levou-o a ser o cantor convidado a participar de uma cruzada liderada pelo evangelista pernambucano *Rodolfo Dietz Beutenmuller* – embora o pronome gentílico cause estranheza aos sobrenomes – ocasião em que foi erguido um palco por detrás do Terminal Rodoviário de Campo Grande, “território” do intérprete, para dar vez ao evento.

Interessante é citar que acontecimentos um tanto hilários, vez por outra, permeavam a carreira do cantor, no princípio de sua jornada e certamente foram importantíssimos para sua formação.

Antes da abertura da referida cruzada do evangelista *Rodolfo Beutenmuller*, combinou-se que no momento em que Álvaro fosse chamado ao palco, seu pai, o pastor Jorge Severiano daria um sinal de *okay* a um auxiliar do evangelista que cuidava do som, porém essa comunicação não verbal não deu certo.

O irmãozinho estrangeiro, talvez por conta dos 80 a 90 decibéis a que estava exposto ali, confundiu-se, liberando o *playback* e travando-o, logo em seguida, deixando Álvaro em “apuros” porque o acompanhamento da música *Quando* seguia e parava, parava e seguia...

O jeito foi cantar a *capella* mesmo, repetindo-se o episódio já contado aqui, ocorrido no cinema de Queimados, no Rio de Janeiro, quando faltou a energia elétrica na hora em que Álvaro solava *Vontade de viver*, curiosamente, também de autoria de Manoel S. O. Filho.

Naquele tempo não era comum os cantores evangélicos disporem de auxiliares, como os *roadies* que temos hoje, também conhecidos como "estradinhas", por carregarem instrumentos nas estradas por onde os eventos são realizados.

O *Sublime Louvor* continuou por um curtíssimo tempo apresentando-se após a saída de Álvaro.

Depois de encerrar suas atividades era algo comum os componentes se dividirem acompanhando o cantor no atendimento de sua agenda. Às vezes Mateus, às vezes Nenel, às vezes Gilson Evandro, às vezes eu.

Um fato hilário: estávamos no carro do Gilson – acho que era uma Brasília – indo, se não falha a memória, à rádio Copacabana, no antigo endereço, na Rua dos Inválidos, centro do Rio, quando fomos parados por policiais militares numa *blitz* na Avenida Brasil.

No carro havia cinco ou seis "cabeças", acredito que induzindo que fôssemos abordados pela "atitude ou quantidade suspeita".

Ocorreu que quando um dos policiais reparou no interior do carro, viu um LP *Meu ser para Cristo* de Álvaro e perguntou:

– Vocês são crentes? Então, podem ir!

Fato é que o primeiro disco ainda estava novinho e Álvaro recebeu um convite para cantar numa igreja na Baixada Fluminense. Chamou-me para auxiliá-lo durante o culto enquanto estivesse cantando. Estávamos no Terminal Rodoviário de Campo Grande. Entramos no ônibus que tinha como destino a Baixada Fluminense. Álvaro passou na roleta (conhecida como catraca, em São Paulo) e, para a minha surpresa, ele somente tinha dinheiro para pagamento de uma passagem.

Como mencionado anteriormente, nem todos do "clã" estavam empregados. Naquele dia, as poucas moedas que eu guardava no bolso correspondiam ao valor da tarifa do ônibus para voltar para casa. Para piorar, as passagens dos coletivos intermunicipais custavam mais caro (acho que ainda custam!).

Desculpei-me com a cobradora, meio que desajeitado, depositando na mesinha de dinheiro dela a pequena quantidade de "dracmas" que carregava.

Juntei-me a Álvaro na parte da frente do ônibus, sem olhar para trás, com vergonha da fisionomia fechada da cobradora.

Numa outra oportunidade, lá estávamos a caminho de Nilópolis, também na Baixada Fluminense. Levamos cinco peças do LP *Meu ser para Cristo* e contávamos com a provisão divina para obter pelo menos a venda de um disco garantindo nosso retorno.

E foi o que aconteceu!

Vendemos somente um LP e justamente para o pastor da igreja.

Terminado o culto, estávamos famintos. Já era quase 11 horas da noite. Fomos para a Rodoviária de Nilópolis. Compramos um pacote de biscoito *waffer*. Não recordo o sabor. Entramos no ônibus e voltamos para Campo Grande.

Enfim, a vida seguiu.

Vale relembrar, mais uma vez, a letra da melodia *Quando*.

Quando

(Manoel S. O. Filho/Efrata Music Ed.)

Quando a tormenta vier tua vida assolar
Não te esqueças que Jesus está do céu a te guardar
Clame ao Senhor pelo solene livramento

E Ele do céu te dará o alento
Quando a tristeza vier tua vida afligir
Não te esqueças que Jesus está bem perto a te ouvir
Diga a Jesus que tua vida vai perecendo
E ele dirá que te quer vivendo

E não deixe que motivo algum te afaste de Cristo
Pois, senão muito irás sofrer por isto
Não deixe que tuas lágrimas inundem teu olhar
Mas, em Cristo deves tu confiar

Quando a amargura vier em teu ser habitar
Não te esqueças que Jesus está bem perto a te guardar
Diga a Jesus que o teu viver está atribulado
E mais e mais ele estará ao teu lado
Quando a dor vier morar no teu coração
Não te esqueças de pedir que Cristo pegue em tuas mãos
Caia de joelhos humildemente em oração
E Ele dará a divina unção

O primeiro disco de Álvaro foi produzido, simultaneamente, no instante em que ocorria o lançamento no mercado brasileiro de produções fonográficas de grandes nomes do *gospel* nacional.

Para citar alguns deles, Ozeias de Paula tinha nas lojas os potentes LPs *Dependo* de Jesus, de 1981, com arranjos do conceituado maestro Ed Lincoln, *Quando voltares* e *De braços abertos*, de 1982, com condução dos arranjos pelo maestro Sidney Sediel Braggio, ambos pela gravadora *Bandeira Branca*.

A grata surpresa ficou mesmo por conta do rejuvenescimento musical do cantor e pastor Vitorino Silva (ou Victorino Silva) quando apresentou ao público o memorável disco És gravado nos Estados Unidos da América.

A sofisticação foi tanta que o ex-guitarrista do falecido cantor Elvis Presley participou do disco, executando seu instrumento elétrico (tinha até guitarra havaiana).

És é mais uma bela composição que saiu da pena do mestre Edison Coelho.

Em 1982, o disco de Álvaro já estava nas lojas. Viajei a São Paulo acompanhando os amigos João Carlos e Paulo Silva, cantor e compositor, respectivamente, convidado pelo primeiro para assistir à gravação de seu disco.

Terminado o trabalho, resolvi ficar uns tempos por lá, enquanto João Carlos e o PC regressavam para o Rio.

Após um ano residindo em São Paulo, voltei à Cidade Maravilhosa e pude constatar a grande e rápida popularidade amealhada por Álvaro.

A própria gravadora *Desperta Brasil* viu como interessante a participação do intérprete no LP da cantora Suely, na época mais antiga que Álvaro na casa, ocasião em que fez dueto em seu disco *Deus vai com você* (Misael Alcides) nas músicas *Meu maior motivo (Vou te amar)*, de Elvis Tavares, *Quero um dia subir* (Álvaro Tito/Manoel S. O. Filho) e *Eu quero vencer* (Álvaro Tito).

Da mesma maneira, deu-se com Juarez, cantor também do elenco da gravadora, porém Álvaro funcionou mais como um indicador dos arranjos a serem construídos para o amigo, bem como cedendo obras suas para o LP.

A balada *Escolhido de Deus*, composta por Álvaro, tornou-se o título do vinil de Juarez, disco este de outubro de 1986, sendo que o LP *Não há barreiras* foi lançado em setembro de 1986, dificultando, por questões contratuais, até que Álvaro estivesse de corpo presente no estúdio com o amigo.

Essas manifestações artísticas de Álvaro Tito contribuíram, em muito, para o seu desenvolvimento enquanto produtor musical.

A confirmação de tal avanço veio em família. Álvaro tornou-se o condutor dos arranjos de um *Extended Play*, mais conhecido como compacto duplo, e a cantora era, nada mais, nada menos, que sua irmã, a querida Elvira Ramos.

O compacto tinha distribuição da *Desperta Brasil* e seu título era *Amigo inseparável*. No vinil tinha ainda *Contigo estou*, *Nome supremo*, todas de autoria do nosso biografado, e *Ovelha perdida*, de Olindina Ramos, mãe de Álvaro e Elvira.

Por falar em Álvaro e Elvira, é perceptível a semelhança dos nomes de batismo dos irmãos registrados em cartório por seus pais.

Repare o leitor: ÁLVARO/ELVIRA.

São trissílabos diferindo, no entanto, quanto à sílaba tônica. O primeiro é proparoxítono e o segundo, paroxítono.

Arrisco-me, gramaticalmente, a classificá-los como exemplo de parônimos.

Elvira tem uma voz aveludada e de afinação incomum.

Isso inclusive valeu-lhe a condição de vencedora num daqueles concursos musicais, aqueles mesmos, os *COMEVs*, em que seu irmão ganhara várias vezes.

A música defendida por Elvira era *Vem para Jesus*, de autoria do querido Enoch Alves de Melo (da extinta dupla Enoch & Priscila). Priscila passou para a eternidade em 2005.

Vem para Jesus, originariamente, composta em ritmo de bolero, teve gravação por Carlos de Oliveira no famoso LP *A razão do meu tudo*, saído pelo selo *Mensagem Musical*.

Avançando, o programa *Louvor Matinal* passou a ser conduzido por Rui Otávio, sendo coadjuvado pelo cantor Ely Farias.

Ely, com sua voz grave assemelhada às de Luiz de Carvalho e José Geraldo, gravou pela JUERP (organismo ligado à Igreja Batista), o álbum *Amor maior*.

Para esse disco, Álvaro cedeu a entusiasta *Vença com fé* e o pastor Jorge Severiano, a *country Confiando nas promessas* revisada, anos mais tarde, em 1995, por Álvaro em seu disco *Não chore*, pela *Warner Music*, uma das majors fonográficas mundiais, numa roupagem super-ritmada, em estilo *funk*.

Detalhe curioso: no dia da gravação desse disco, no requisitado estúdio *Hawai*, Centro do Rio – onde está pendurado um grande quadro do cantor Roberto Carlos, autografado ao pessoal do estúdio – Ely Farias, acometido de uma espécie de paúra, ligou de um telefone público (não existia aparelho celular na ocasião), pedindo que alguém descesse e o buscasse, pois tremia com medo de enfrentar os microfones e de ficar diante do técnico de som enquanto estivesse no "aquário".

Além do *Louvor Matinal*, Rui Otávio conduzia um tipo de noticiário com manchetes de última hora. Repórter Evangélico era o nome do jornalístico.

Numa dessas oportunidades, Álvaro passava pela rádio com o Meu ser para Cristo debaixo do braço.

No meio musical, essa atitude de Álvaro indo à rádio é popularmente conhecida como "caitituagem", ou seja, mostrar o disco aos programadores, situação essa diferente do famigerado, esquema de *merchandising* que a muito contragosto é tão praticado em algumas emissoras, conforme reclamam diversos cantores e compositores espalhados Brasil afora.

Abrindo um parêntese: comumente conhecido como "jabá" ou "jabaculê", esse pagamento que gravadoras fazem às rádios para que executem as músicas de seus artistas é uma prática criminalizada nos Estados Unidos há mais de 50 anos.

O Projeto de lei no 1.048, idealizado pelo compositor Lobão e levado à Câmara dos Deputados pelo Deputado Federal Fernando Ferro, de Pernambuco, aborda o tema de combate ao "jabá", porém sem positivação legal no Brasil até o momento.

Fechando o parêntese: Rui Otávio, com sutil perspicácia, não se fez de rogado e, imediatamente, "jogou" no microfone da Rádio Copacabana: "O cantor Álvaro Tito acaba de lançar o LP *Meu ser para Cristo*", dando, assim, mais uma contribuição para que o disco fosse descoberto pelos ouvintes da rádio.

O segundo material fonográfico de Ely Farias sairia, dessa vez, com produção executiva de seu contratante, o empresário Rui Otávio.

Para a produção musical, escalou-se Álvaro Tito.

Tanto Álvaro quanto eu e Nenel (Manoel S. O. Filho), fornecemos músicas para o LP.

A obra *Ele vem*, *pop rock* de Álvaro, como o título sugere, tinha como temática, a volta de Cristo. A de Nenel intitulava-se *Graças te dou*.

Ao começar a separação de repertório para Ely, veio-me à mente que o programa *Peça o seu hino preferido*, do pioneiro Josias Menezes (falecido em dezembro de 2010), tinha música de abertura cantada por Wilson de Almeida.

Uma curiosidade: o primeiro LP de Shirley Carvalhaes,

Acima das estrelas, era, na verdade, para constar de um lado músicas com o cantor Wilson de Almeida e, do outro, com sua esposa, porém, por estar acometida de uma enfermidade, de última hora escalou-se a jovem Shirley Carvalhaes para substituí-la.

Compus, então, *Louvor matinal.*

Ely abraçou a ideia e Álvaro fez um belíssimo arranjo musical para o disco, com violinos e tudo mais. Os vocais também foram criados e escritos por ele. Dali para frente, a canção passou a abrir o programa, todas as manhãs, mesmo depois que o Bispo Macedo, líder da Igreja Universal, adquiriu a Rádio Copacabana e a maioria dos programadores migrou para os estúdios da rádio Boas Novas AM, localizada na *Boulevard* 28 de Setembro, em Vila Isabel.

Mais tarde, já no final dos anos 80, em 1988, para ser mais exato, Álvaro Tito gravou *Comunhão*, seu segundo trabalho pela *Polygram* (hoje Universal Music), requisitando a presença de Elvira para a participação especial na fortíssima e inesquecível obra musical *Riqueza*, que ele compôs. A parceria entre os irmãos tornou-se sucesso por todo o Brasil.

A cantora participou também do Grupo Altos Louvores, liderado por Edvaldo Novaes (falecido em fevereiro de 2011), músico revelador de consagrados intérpretes do gospel nacional, como, Lea Mendonça, Sérgio Lopes, Marquinhos Gomes, Eyshila, Jéferson Monteiro, dentre outros.

Nessa época (1991, para ser mais preciso), Álvaro tinha assinado contrato com o selo paulista, *Som e Louvores*, e preparava seu segundo disco pela casa (o LP *Sentimentos* foi o primeiro).

O Grupo Altos Louvores (que também pertencia ao *cast*

da gravadora) apresentava-se numa programação no auditório da rádio Boas Novas AM retromencionada.

Lá compareceram como atrações daquela tarde, além do citado Altos Louvores, Ozeias de Paula e a Banda Rebanhão (já sem Janires, falecido em 1988, e sem Carlinhos Félix).

Fui à programação a convite do amigo Jéferson Monteiro, então componente do Grupo Altos Louvores, quando revi e cumprimentei Elvira.

Álvaro gravava o vinil *Cenas* e naquela ocasião estávamos meio que distanciados um do outro.

O amigo havia contraído núpcias em dezembro de 1990 com a querida Maria José (Zezé, para os mais chegados) e passou a morar em Niterói, no outro extremo de Campo Grande, com limitação pela ponte Presidente Costa e Silva.

Vivia uma nova fase de sua vida e, não só a geografia como a necessidade de assumir uma nova etapa da existência, certamente foram fatores que o levaram a sopesar e avaliar o comportamento a ser adotado por um homem com família recém-constituída.

Foi justamente nesse período que duas "figurinhas" carimbadas nos álbuns de Álvaro (sem trocadilho), não tiveram músicas nos seus discos *Sentimentos e Cenas*: ou seja, Manoel S. O. Filho, o Nenel, seu primo e eu.

Visitei Álvaro no estúdio *Transamérica*, também no Rio, onde os dois trabalhos foram construídos e arranjados musicalmente pelo cantor. Fui pela saudade do amigo e por saber por meio de Elvira, naquela programação no auditório da rádio Boas Novas, que Álvaro compusera uma balada dedicada a mim, chamada Me lembro de você (segunda faixa da face A do LP).

Não contive a ansiedade até ouvir a música. Quando o

fiz, meus olhos encheram-se de lágrimas, diante da forte emoção e por saber que nossa amizade surgida lá, naqueles longínquos anos 70, numa classe infantil da escola bíblica dominical, estava vivíssima.

Na contracapa do LP *Cenas*, Álvaro escreveu sobre a dedicação de *Me lembro de você.*

"Esta música eu quero oferecer a um grande amigo e irmão, Elvis Tavares com toda a minha admiração. Álvaro Tito" (*sic*).

Eis abaixo a letra de *Me lembro de você*, balada composta, de coração e de amigo para amigo:

Me lembro de você
(Álvaro Tito/Efrata Music Ed.)

Me Lembro de você amigo
Estou longe demais também
Eu queria estar contigo
Alegria sei que você tem
Me Lembro de você amigo
Tantas vezes sorrimos nós
Pra você cantar comigo
Eu escuto sempre a tua voz

Tente lembrar não esquecer
Nós temos o poder
O meu pranto, vai encontrar o teu e vamos vencer!
Me lembro de você amigo

Você é minha inspiração
Em Jesus achei abrigo
Nos momentos de aflição
Me lembro de você amigo
Quero ver você junto a mim
Ver o teu desejo antigo
De viver um viver sem fim

Em 1997, veio a público pela gravadora *Grapevine* – a mesma que lançou o disco *Sem limites*, de Aline Barros – o álbum *É pra cantar*, de Elvira.

Ela mantém-se "imexível" (como diria aquele antigo ministro) no rol dos integrantes dos vocalistas das produções musicais de Álvaro. Os conhecidos *backing vocals*.

O sucesso resultante da "dobradinha" entre os irmãos seria repetido, outra vez, mais à frente, no ano de 2000, agora pela produtora fonográfica *Franc Records*. A música usada para o dueto, no entanto, não era obra inédita.

Eu quero vencer, canção com batida *funkeada* feita por Álvaro, e que, na verdade, viria a ser uma regravação, uma vez que há 15 anos o cantor a utilizara em dupla com a cantora Suely, recebeu uma reedição no CD Tempo de alegria.

Em 2002 aconteceu a contratação de Elvira pela mesma Franc Records, com a criação do ótimo trabalho Vitória certa. Há que se lamentar, no entanto, a diminuta divulgação desses discos, deixando-os, praticamente, ao desconhecimento dos que apreciam a voz da cantora.

Destaque para a canção *Estou aqui*, de Manoel S. O. Filho.

Capítulo 5

Gravação do LP *Deus Transforma*

Voltando à carreira de Tito, o ano de 1984 bateu à porta, e a hora do segundo material fonográfico de Álvaro estava se delineando.

Para traçar um paralelo temporal, em São Paulo ocorria o comício pelas *Diretas-Já* durante as comemorações de aniversário da cidade.

Para Álvaro Tito, começava, então, o costumeiro ritual vivido pelos cantores e produtores de disco: separação de repertório, estúdio de gravação, músicos acompanhantes, maestro arranjador e outros quesitos.

Novamente, o grande Edison Coelho figurou como peça imprescindível na vida musical de Álvaro Tito, cedendo-lhe duas obras: *Deus transforma* (escalada para título do disco) e a valseada e escatológica Depois.

Falando em Edison, determinado dia, isso já nos anos 2000, Álvaro, saindo do antigo estúdio da rádio Melodia FM, em Vila da Penha, no Rio, de repente deparou-se com ele. Álvaro, não se contendo de felicidade por rever o amigo, abraçou-o fortemente.

Resultado: o compositor Edison Coelho teve duas costelas fraturadas, saindo dali diretamente para o hospital, tal a força do aperto.

Sansão teria em Álvaro um excelente auxiliar (antes de perder seus cabelos, é claro)!

Na capa do primeiro disco, Álvaro veio sério, numa fotografia somente de busto, vestindo um *blazer* sobre a camisa. Continuou assim na fotografia do *Deus transforma*, acrescentando ainda uma gravata marrom de *crochet* (era moda naqueles tempos) à sua indumentária, retratado, no entanto, de perfil.

Detalhe: o cabelo estava enorme (embrião de *black power*) e era assentado com o dorso de uma escova de sapatos.

Na realidade, o cantor recém-saído da adolescência preocupava-se ainda com o modo com que alguns evangélicos receberiam seu trabalho. Por isso, a opção por não sorrir, novamente, na foto.

Meses antes da gravação do LP *Deus transforma*, ainda estava morando em São Paulo, quando recebi a visita dos membros do nosso "clã" dos tempos do *Sublime Louvor*.

Dirigi-me ao Terminal Rodoviário do Tietê para recepcionar os queridos amigos Nenel, Mateus, Álvaro e Samuel e levei-os lá para casa (na verdade, a casa era dos queridos e saudosos irmãos Nelson e Áurea que me acolheram com o amor doméstico relatado na Bíblia), aproveitando um feriadão proporcionado pelo dia 2 de novembro. Esse "dirigi-me" foi de "busão" mesmo porque não tinha carro.

Havia quase um ano que eu não cortava o cabelo. Foi a primeira coisa que Álvaro revelou para minha mãe, quando voltou ao Rio, dando uma de X-9, revelando suas "inclinações investigativas".

Mas rever a turma foi sensacional.

Num culto à noite, na igreja Assembleia de Deus da Vila Cisper, onde fiquei amembrado, Álvaro cantou *Meu ser para Cristo*, sem *playback*, usando uma guitarra.

No dia da volta para o Rio, falou sobre a gravação do novo vinil, pedindo-me para preparar umas músicas para que escolhesse para o repertório.

Dias depois, comecei a separar as canções que entendia combinar com seu estilo, pondo na fita cassete as músicas *Vem ficar comigo* e *Cristo me faz viver*, citando duas. Devia ter umas seis a sete músicas no total, colocadas ali para ele ouvir.

Postei o material nos Correios. Fiz contato com Álvaro sobre o recebimento são e salvo do cassete. Deu tudo certo, porém, para minha surpresa, ele pediu que enviasse mais umas seis ou sete melodias para poder ouvi-las e ter outras opções.

Pedido atendido, mas com uma ressalva, isso porque na gravação do cassete recoloquei a canção *Vem ficar comigo* e deixei a mensagem para Álvaro: "Eu insisto em *Vem ficar comigo!*".

Lembro-me ainda de que na relação de músicas estava também *Cristo me faz viver* que entraria, exatamente, dez anos depois, no LP *Deus está aqui*, de 1994.

Foi nessa época que Álvaro completava a idade do alistamento militar e, ao apresentar-se na base do Exército, no quartel em Santa Cruz, alegou que não desejava servir, justificando que isso atrapalharia sua carreira.

O militar que entrevistava Álvaro disse, num misto de surpresa e provocação:

– Ah, você é cantor, é? Então cante alguma música para nós ouvirmos!

Álvaro, sem qualquer titubeio, puxou no gogó: "Deus enviou seu Filho amado...", versos de *Porque Ele vive* (*Because he lives*), de William J. Gaither.

A gravação do álbum *Deus transforma* teve alguns ingredientes oriundos do primeiro disco. O maestro continuava sendo o Luiz Antônio Karam; a gravadora permaneceu sendo a *Desperta Brasil* e o estúdio de gravação era o dirigido pelo mesmo Diogo Ávila Trivinho (aquele do cachimbo!).

Os canais analógicos aumentaram de quatro para oito. Já representava um ganho considerável em qualidade.

Confirmando sua vocação para arranjador, o que o tornava bastante intimista, pois o trabalho revelava em muito suas preferências, Álvaro pôs na fita a ser mandada para o maestro Karam tudo que queria no LP. Arranjos dos vocais; os instrumentos a serem inseridos em cada música; a canção que *ralentava* no final (*Deus transforma, Tu precisas de Jesus, Além do rio*); qual terminava num *fade out* (*Tudo venço bem, Minha proteção*); a que modulava (*Vem ficar comigo*) e até a que poderia acabar com o baterista "abusando" dos *flams*.

Na música *Tudo venço bem*, durante o canto do refrão, na segunda parte, já durante o *fade out* pode-se ouvir, ao fundo, Álvaro participar da percussão, tocando um pandeiro (ritmo).

O que Álvaro desenhou musicalmente para o disco, ele registrou na fitinha, "explicando" ao maestro, passo a passo, detalhe por detalhe, tim-tim por tim-tim (no caso estaria mais para *tom-tom* por *tom-tom*).

No dia agendado para a colocação de voz, outra vez em São Paulo, Karam não se conteve e disse ao cantor:

– Da próxima vez nem preciso fazer o arranjo porque você já mandou tudo praticamente pronto!

Até o termo "pomposo" Álvaro usou na preparação do cassete para definir um detalhe a ser utilizado na instrumentação.

O disco, finalmente, foi concluído e agora vinha a parte do suspense para mim, pelo menos. Ou seja, que música teria "entrado" no vinil?

Encontrei com Álvaro na igreja, em Campo Grande, e de lá fomos à sua casa para ouvir o novíssimo trabalho musical dele.

No caminho, curiosíssimo, perguntei:

– E aí, que música?

Ele respondeu de forma marota:

– Só conto quando chegarmos lá em casa!.

Vários pontos de ônibus depois, fim do mistério. *Vem ficar comigo* ganhara a faixa três do lado A.

O disco começou a tocar e *Deus transforma*, de Edison Coelho, ressuscitou aquela regra mencionada em linhas anteriores de que a faixa 1 dos discos converte-se quase sempre na música de trabalho.

Álvaro mostrava um diferencial evolutivo em sua interpretação no novo LP.

Sou testemunha de que o cantor procurava inteirar-se das novidades que circundavam o *metiê* da evolução da sonoridade musical, principalmente, a praticada nos Estados Unidos que era fonte didático-criativa para o resto do mundo.

Sem o afastamento dos ensinos paulínicos descritos em 1 Tessalonicenses, capítulo 5, versículo 21, a musicalidade e as criações rítmicas evoluíam nos anos 80 e o que Álvaro captava como aprendizado frutífero ao seu ministério – leia-se: o bem, ele o retinha.

O cantor e compositor João Alexandre, um dos expoentes da música *gospel* nacional partilha dessa mesma concepção de Álvaro Tito quando escreve o artigo "Examinar tudo e reter o que é bom", publicado na revista Patmosmusic – O som da palavra, quando diz:

> (...) Não sou contra a influência de outros estilos e correntes musicais, eu mesmo fui influenciado por Ozeias de Paula, Luiz de Carvalho, Álvaro Tito, Vencedores por Cristo, mas precisamos ter em mente o que a Palavra de Deus nos ensina: "examinar tudo e reter o que é bom" (1 Tessalonicensses 5:21) – [*sic*].

Foi justamente com essas nuances que *Deus transforma* nasceu. Álvaro ensaiava seus primeiros melismas em *A vitória é minha* (Álvaro Tito), *No teu olhar* (Paulo Silva) e *Depois* (Edison Coelho).

Para se comparar a mesclagem promovida por ele em seu segundo disco, já se podia ouvir no "acetato" o *jazz* de *Além do rio*, de autoria de Jorge Guedes e o outro presente em *A vitória é minha.*

Ambos os ritmos originários principalmente da cultura musical dos negros do sul dos Estados Unidos.

No segundo LP de AT, houve o retorno à tradicional inserção das 12 músicas, sendo fidelissimamente seis de cada lado.

A quantidade maior de canções no repertório ofereceu oportunidade ao cantor para abrir espaço para outros compositores amigos seus, como Jorge Guedes, Wanderlei Affonso, Paulo Silva e Daniel de Souza.

Jorge Guedes, além de excelente compositor, é psicólogo de profissão e fez parte da banda Canto da Terra, na qual, entre várias obras, escreveu com Nélio Frohe o *hit Cristo me faz vencer* e *Meu querer*, cedida esta última para o Grupo Altos Louvores e depois ao Kades Singers.

É dele também outro grande sucesso, a canção *Basta querer*, originariamente gravada por Carlinhos Félix, no disco compacto homônimo, pela *MK Music*, mas que somente "estouraria" no Brasil em 1998, no disco do padre Marcelo Rossi, com o título de *Músicas para louvar ao Senhor*, pela *Universal Music* (antiga *Polygram*), vendendo cerca de três milhões de cópias.

Wanderlei Affonso é um amigo de longa data. Militar da Aeronáutica, fixou residência por uns tempos no norte do país onde se tornou cantor *gospel* de destaque, usando o pseudônimo de Wander Max, conforme instrução da gravadora carioca *Arca*. Seu timbre de voz é bastante similar ao de Álvaro. Um fator de riso entre os amigos sempre foi lembrar que a avó de Wanderlei jamais conseguiu pronunciar "Álvaro Tito", criando uma verdadeira corruptela do nome do cantor ao chamá-lo, sempre que o via, de "Árvore Títaro".

Sua música no LP *Deus transforma* tinha a introdução puxada por um vibrante trombone de vara. *Minha proteção* é seu título.

Paulo Silva, além de compositor, é militar da banda de música da Aeronáutica, servindo em Mato Grosso.

Paulo tem composições com Márcia Costa, Ozeias de Paula, Shirley Carvalhaes, Josely Scarabelli e Cassiane. Antes de ser destacado para o Centro-Oeste da nação, residia no bairro de Paciência, próximo de Campo Grande, sendo corriqueiro haver encontros com Álvaro, culminando, enfim, com a solicitação de uma canção para o álbum *Deus transforma*.

Daniel de Souza também reside em Campo Grande, Rio de Janeiro. Tem obras nos discos de Cassiane, Andreia Fontes, e escreveu a inesquecível *Estou contigo*, gravada na primeira metade dos anos 80 por Shirley Carvalhaes e muito cantada até hoje nas igrejas.

Meu guardião, música que remete aos salmos de Davi, é a única canção em que Álvaro põe-se a declamar em suas produções musicais, numa explícita súplica a Deus, com exceção do *soul Campeão*, de sua autoria, faixa três do disco V*ocê comigo*, em que Álvaro emite (não é essencialmente uma declamação) uma mensagem como configurada em computador programada para transmitir palavras certificadoras de sua convicção e vitória por meio do sacrifício de Cristo. Certamente, uma inovação trazida por Álvaro, o que sempre o caracteriza em suas produções.

Ninguém esquece as frases robóticas no coração da música: "Nada me abala...! Vivo por amor...!"

Cite-se também que na canção *Portais* (Álvaro Tito/Elvis Tavares), o cantor faz a introdução de uma fala explicativa sobre a segunda volta de Jesus, momentos antes de iniciar especificamente a música.

Relembremos as obras musicais que formaram o disco *Deus transforma*:

Lado A

1. *Deus transforma* (Edison Coelho)
2. *A vitória é minha* (Álvaro Tito)
3. *Vem ficar comigo* (Elvis Tavares)
4. *Tu precisas de Jesus* (Manoel S. O. Filho)
5. *Além do rio* (Jorge Guedes)
6. *Meu guardião* (Daniel de Souza)

Lado B

1. *No teu olhar* (Paulo Silva)
2. *Deus está presente* (Álvaro Tito)
3. *Tudo venço bem* (Olindina Ramos)
4. *Minha proteção* (Wanderlei Affonso)
5. *O sinal da cruz* (Jorge Severiano)
6. *Depois* (Edison Coelho)

Vale como recordação transcrever a bela poesia de *Deus Transforma*:

Deus transforma
(Edison Coelho)

Deus transforma a água em vinho
E espalha a relva no caminho
E uma noite de agonia
Deus transforma em um dia de alegria...
Deus transforma a casa triste
Dando o gozo de um ninho
Deus transforma a natureza
Dando a tudo um toque de ternura e de beleza

Deus transforma o duro coração
Num coração que ama
Deus transforma a alma triste
Queimando-a com sua chama...
Deus transforma tua vida
Deus transforma a escuridão em luz
Pelo sangue, pelo sangue de Jesus!

Deus transforma o botão em flor
O ódio em amor
E a morte em vida
Deus transforma a direção de quem

Esperança na vida já não tem...
Deus transforma a mente natural
Dando a todos uma paz real,
Deus transforma a cada um de nós
Concedendo certeza de uma vida bem melhor após!

A Assembleia de Deus foi escolhida para o evento de lançamento do disco. Álvaro "escalou-me" como seu auxiliar na introdução dos *playbacks* no *tape deck* (reprodutor de fitas gravadas).

Nessa noite, eu vestia um *blazer jeans* da marca *Mirelee* (nem sei se existe mais!), que comprei com o dinheiro do meu primeiro emprego.

Quando Álvaro terminou a apresentação das músicas do LP *Deus transforma*, num gesto automático, pus o cassete do *playback* no bolso do *blazer* e depois do encerramento de tudo e das despedidas, esqueci-me (e ele também não lembrou!) de devolver-lhe a fita.

Estava na casa do Samuel Carvalho, numa noite próxima ao lançamento ocorrido do disco, quando fizeram contato comigo, dizendo que Álvaro estava na igreja Assembleia de Deus de Santa Cruz – onde eu congregava na época – querendo falar comigo.

Samuel racionalmente pegou seu veiculo de tração animal (sua bicicleta), pois, *matando dois coelhos com uma cajadada só* – metaforicamente, é claro! – além da minha carona até a igreja, reveria também o cantor Álvaro Tito, esforçando-se, assim, nas pedaladas.

Ao chegarmos, lá estavam ele e Mateus (seu primo) na porta da igreja. De imediato, Álvaro "cumprimentou-me":

– Cadê meu *playblack*?

Fiquei muito triste com sua postura e, como lemos em algumas passagens bíblicas, *descaiu-me o semblante*, pois aquilo foi como levar uma traulitada.

Álvaro só saberá do episódio quando estiver lendo estas páginas porque simplesmente isso não criou qualquer raiz de amargura em mim relacionada a ele, dada à ação de Deus no quesito PERDÃO.

E para exemplificar o significado divino desse ato tão escasso nos dias atuais ou que até mesmo há liberação, mas com reservas e aleijumes, lembrando que Pedro perguntou a Jesus se a quantidade de perdão a se conceder seria sete – o costume da época dizia que a quantidade era três – resolvi transcrever um trecho do livro intitulado *Perdoar e esquecer*, do autor *Lewis B. Smedes*, que diz:

> A história é sobre Deus e nós. Se agirmos como o inflexível servo, Deus agirá como o rei. Jesus retira o truque mais difícil da cartola – o perdão – e diz que precisamos colocá-lo em prática ou estamos fora, abandonados, no deserto dos implacáveis (...). Ele é duro porque a incongruência dos pecadores recusando-se a perdoar pecadores causa perplexidade em Deus. Ele não pode aceitá-la, não há forma sincera de suportá-la. Então Ele diz: se você quer o perdão de Deus e não consegue perdoar alguém que precisa de um pequeno perdão seu, esqueça o perdão de que você precisa. Tire a eloquência do estilo bíblico e terá Jesus dizendo algo assim: se você se recusa a perdoar outras pessoas quando você precisa ser perdoado, então vá para o inferno.

Uma das provas que reputo como cabais, de nossa amizade, de certo moldada em Deus, está nesses mais de 30 anos em que, a despeito de distâncias e compromissos, sempre encontramos um jeito ou outro de travarmos um contato.

A pregação daquela noite de lançamento do LP *Deus transforma* ficou no encargo do pastor Paulo César Lima (à frente, hoje, da Catedral da Assembleia de Deus, em Jardim Primavera, em Duque de Caxias, no Rio) e que o tempo não me deixou esquecer o trecho em que fazia uma correlação entre a criança, em seus primeiros anos acadêmicos, quando aprende "*a-b-c-d*", enquanto nós, em nossos primeiros passos da vida com Cristo, aprendemos "*o-b-d-c*".

O LP *Deus transforma* continuava em sua fase de o "disco da vez" quando houve a comemoração pela passagem do Dia da Bíblia, sendo para isso montado um palanque na Praça Raul Boaventura, no centro de Campo Grande, e Álvaro Tito foi à programação cantando as baladas *Deus está presente* e *Bíblia*, ambas de sua autoria, a primeira constante do LP *Deus Transforma* e a segunda do *Meu ser para Cristo*.

Ao lembrar-me daquela tarde de domingo em que Álvaro interpretava a música *Bíblia*, em razão do evento, não poderia furtar-me em trazer uma nota sobre as Escrituras, entendendo, nesse caso, ser pertinente e interessante transcrever parte da obra *A batalha pela sua mente – Entendendo a personalidade santificada*, de Leslie Parrot, na qual o autor cita o pregador John Wesley, quando diz:

> Este gênio cristão multifacetado martelou a sua teologia em três bigornas, ao longo de alguns anos. A sua primeira bigorna foram as Escrituras. Ele sempre perguntava: "O que a Bíblia diz?" Em determinado momento, ele se descrevia como um homem de um livro, a Bíblia. A sua segunda bigorna foi o entendimento intelectual. A doutrina, para Wesley, tinha que passar pelo teste da

lógica e do bom senso. A terceira bigorna foi a experiência humana. "Esta doutrina se encaixa nos fatos da vida?" Alguém perguntou a Wesley o que ele faria, se encontrasse uma verdade na Bíblia que não funcionasse na experiência humana. A sua resposta foi que ele retornaria à Bíblia e começaria a lê-la outra vez.

Atualmente, Álvaro é amembrado à Assembleia de Deus liderada pelo pastor Paulo César Lima.

Os compositores veem sua carreira saltar quando conseguem ser gravados por grandes intérpretes e essa façanha Álvaro alcançou duplamente, primeiro, em 1983, quando Ozeias de Paula gravou suas canções *O sangue de Jesus* e *Vem, filho meu*, no LP *Tens*, da *Polygram*, e no mesmo ano de lançamento de seu LP Deus transforma, ou seja, em 1984, Ozeias incluiu a balada *Paz e comunhão* (17° da carreira dele), no disco homônimo pelo selo *Estrela de Belém* de São Paulo.

Realmente, Álvaro realizava um sonho que muitos autores evangélicos não conseguiram.

Depois de algum tempo, a matriz (*master tape*) desse disco de Ozeias de Paula foi negociada com a gravadora Bom Pastor, havendo uma reformulação total na parte gráfica, sendo alterado o título do disco para *Há um caminho* (Oscar Silva) e a música *Paz e comunhão* de Álvaro foi deslocada para a 10a na relação de faixas do CD.

Outro grande intérprete do cancioneiro evangélico nacional, nosso querido Carlos de Oliveira, inseriu em seu LP *Serei fiel*, pela gravadora Bandeira Branca, a segunda faixa *Só pela fé*, de autoria de Álvaro.

Um esclarecimento ao leitor: a *Associação Brasileira dos Produtores de Discos*, a ABPD, somente considera como gravadoras aquelas que lhe são afiliadas.

Para não dizer que inexistem gravadoras evangélicas devidamente credenciadas como produtores fonográficos com filiação à ABPD, cito a *MK Music* e a *Line Records* como afiliadas daquela associação.

Enquanto Álvaro aprimorava-se na filtragem e absorção dos estilos e demandas músico-culturais que contribuíam para a sua maturidade artística, era inaugurado, um ano antes da preparação do *Deus transforma*, ou seja, 1983, um departamento *gospel* na gravadora multinacional *Polygram*, localizada na Avenida Érico Veríssimo, na Barra da Tijuca, no Rio de Janeiro.

Alguns dos contratados para abrirem a porta da nova empreitada na música *gospel* do Brasil foram Ozeias de Paula, Edison & Telma e Adilson Lopes. Os três com títulos de obras compostas por Edison Coelho.

Ozeias vinha com o superorquestrado *Tens*; Edison & Telma, com o bolero *Deus vivo* (numa linda foto do casal formando a capa do LP), e Adilson Lopes, com *Herança*, uma balada que no refrão transformava-se num rock no melhor estilo *Elvis Presley*.

Post scriptum: Adilson Lopes e Martin Lutero, o primeiro vivendo em Portugal e Martin, nos Estados Unidos, têm timbres bastante assemelhados ao de Elvis.

Essa boa nova, correndo pelo Brasil e chamando a atenção da indústria fonográfica secular, que até então desconhecia o *gospel* tupiniquim ou o pouco comentário que se tinha ouvido falar, dava conta apenas de uma música mal produzida e com erros gramaticais grosseiros, Álvaro conseguiu mais uma faceta significativa em seu currículo autoral que foi a inclusão das canções já mencionadas nos discos de Ozeias de Paula e de Carlos de Oliveira.

O sangue de Jesus, terceira na sequência do vinil, harmoniosa canção que tinha até a novidade dos efeitos *tum-tum-tuns*, na bateria, então surgidos nos anos 80 e que depois "ralentava" para terminar.

Álvaro escreveu uma música para a cantora Cassiane, quando a *MK Music* nem estava no mercado, na qual pôs o título de *Vem, filho meu*. Como nem sempre o que se planeja é o que ocorre, muito embora, em se tratando de música, quando o autor compõe se inspira num determinado intérprete e imagina ser muito difícil ouvir a composição na voz de outro cantor.

Todavia, aprouve a Deus que anos mais tarde *Vem, filho meu* soasse agradavelmente aos tímpanos dos amantes da música gospel e num trabalho de grande porte executado por uma multinacional, com o cantor Ozeias de Paula.

Mas, em 1985, Cassiane incluiu a música *Cristo me ensina a viver*, de autoria de Álvaro Tito, em seu disco *Rosa de saron*.

Foi por aí que cedeu para Davi Montenegro, também contratado pela *Polygram*, o nosso *Nat King Cole*, a obra *A solução é Jesus*, inclusa no disco *Pássaro ferido*.

Esta canção de Álvaro teve repetição pelo cantor no LP *Cristo guerreia por mim* produzido pela *MK Publicitá*.

Capítulo 6

Gravação do LP *Não há barreiras*

No ano seguinte à gravação de *Deus transforma* – falamos de 1986 –, a *Polygram* convoca Álvaro Tito para integrar o time de intérpretes do departamento *gospel*.

É o prenúncio do melhor momento na carreira musical de Álvaro Tito.

Todos receberam alvissareiramente a notícia de sua contratação pela poderosa gravadora holandesa com sede no Brasil, confirmando o anúncio de Deus a respeito de coisas grandes concedidas ao que lhe clamar (Jeremias 33:3).

Começava ali a concepção do LP de Álvaro Tito que teria a maior repercussão pelo mundo evangélico brasileiro, quiçá com acesso a várias outras nações onde existam brasileiros cristãos.

Não há barreiras, foi indubitavelmente o *Top of Hill* da carreira de Álvaro.

No entanto, um empecilho de última hora surgiu!

Os diretores da multinacional não viram com bons olhos a exigência imposta por Álvaro para dirigir a produção musical e os arranjos do disco.

Eles entendiam ser um risco entregar nas mãos de um jovem de 21 anos um empreendimento daquela envergadura.

Todavia, após alguns questionamentos e até a postura imutável de Álvaro em não levar à frente a gravação, tudo ficou resolvido e o cantor assumiu, de vez, a direção.

Álvaro vivia sua melhor fase para compor. Tanto é que quando cantarolou ao violão pela primeira vez o *single Pelo sangue de Jesus*, a impressão causada foi das melhores possíveis. O cantor mostrava grata renovação em seu modo de interpretar e que, em apenas um ano de diferença do disco anterior, apresentava um crescimento surpreendente para quem comprava seus discos e o convidavam para demonstração de seu dom e ministério em seus templos.

Além de *Pelo sangue de Jesus*, Álvaro trazia ainda *Vencedor*; a melodia valseada *Tudo será paz*, composta em tom menor; a balada *pop Mais uma vez*, com destaque para o solo sensacional do saxofonista Mário Lúcio, integrante do Conjunto Placa Luminosa; e o *funk*, à lá *Stevie Wonder*, *Só Jesus é a solução*.

Quando deu uma prévia de *Só Jesus é a solução*, toda *funkeada* daquele jeito, não me furtei a perguntar, num misto de surpresa e empolgação:

– Você vai cantar assim?

Seu pai, o pastor Jorge Severiano contribuiu com uma autêntica prece chamada *Caminhada*, na qual a letra da melodia, além de toda a convicção do protagonista em saber da companhia de Jesus durante a jornada, em seu fechamento, ratifica os dizeres de Mateus, capítulo 11, versículo 30, acerca da leveza do fardo de Cristo.

São inesquecíveis as passagens do arranjo musical de *Caminhada* onde Álvaro, num disco seu, introduziu, pela primeira vez, os *pizzicatos* de violinos que passeavam de uma estrofe para outra, trazendo à memória dos admiradores da boa música, os *pizzicatos* sensacionais do *jazz Unforgettable*, sucesso de *Nat King Cole*, em 1950, revivido através de montagem computadorizada realizada pela filha Natalie Cole em sua homenagem, em 1991, no álbum *With love*, rendendo-lhe sete prêmios *grammys*.

Álvaro Tito repetiu, recentemente, a inserção dos *pizzicatos* na balada pop *Somente pela graça*, no CD, saindo agora pela multinacional *Sony Music*.

Sua mãe, Olindina Ramos, presenteou o filho com a dulcíssima *Fica Jesus*, acompanhada em seu andamento por uma flauta transversal, confirmando tal doçura. O tema da canção reflete a importância da comunhão com Deus, sendo que o lar do que professa a fé em Cristo, na realidade, há que ser uma extensão da igreja.

Nas páginas iniciais deste livro, referi-me aos concursos musicais, os *COMEVs*, que a Assembleia de Deus de Campo Grande promovia, durante a passagem do carnaval.

Como dito, os intérpretes eram bastante qualificados. Simeia Arsênio, com sua voz contralto, superafinada, participou de algumas edições do concurso.

Em determinada ocasião, antes de Álvaro Tito mergulhar de cabeça no projeto do LP pela *Polygram*, o compositor Manoel S. O. Filho, como que antevendo a inclusão de mais uma obra sua no disco de Álvaro, entregou para Simeia a música *Cuida de mim* para que ela pudesse cantá-la nos cultos.

Foi justamente a canção separada por Álvaro para integrar o disco tido por muita gente como a obra-prima da carreira do cantor. *Cuida de mim* entrou como a terceira faixa do lado B.

Mais uma vez meu amigo Manoel S. O. Filho trazia a gramática da música mergulhada na segunda pessoa do singular.

Para se ter uma ideia do *casting* da gravadora, nomes de peso da música popular brasileira desfilavam por lá, como Erasmo Carlos, Fafá de Belém, Lulu Santos e Belchior.

No desenrolar de nosso bate-papo, Álvaro pediu-me para preparar a tradicional fita cassete com sugestões para o repertório, dizendo que já escolhera algumas.

Saí dali meio preocupado com a responsabilidade a respeito do que teria de bom para oferecer ao amigo numa fase tão crucial de sua vida ministerial.

Antes disso preciso retroceder ao ano de 1985, ou seja, um ano antes da gravação do LP *Não há barreiras* por Álvaro Tito.

Naquele ano deixava São Paulo, voltando a residir na Cidade Maravilhosa, muito embora considere o lugar de São Paulo onde morei, o simplista Jardim Penha, até hoje também uma Cidade Maravilhosa, por toda a sua representação na minha vida e pelos amigos adquiridos ali.

Pois bem! Consegui um emprego temporário num bazar de materiais evangélicos no bairro de Santa Cruz, no Rio. Fiquei bastante familiarizado com os produtos da *Polygram*.

Os LPs *Tens*, do cantor Ozeias de Paula, e *Herança*, do Adilson Lopes, tocavam à exaustão na vitrola da loja.

Não tinha sequer encontrado Álvaro ainda para discutirmos sobre a ida dele para a gravadora multinacional.

Com três títulos sugestivos em mente para novas composições, anotei-os num caderno para o momento certo, porém, apesar de anotados, seus nomes não me saíram da cabeça.

Meu canto de paz, Cristo reina e *Não há barreiras*, era a tríade proposta.

Compus as três obras, cada uma a seu tempo.

Meu canto de paz, por exemplo, foi levada para Álvaro não como uma opção para gravar, e sim para que fizesse os arranjos musicais do disco de Samuel Carvalho (já falecido), então presbítero da Assembleia de Deus de Santa Cruz.

Além de *Meu canto de paz* entrariam no disco de Samuel as músicas *Por onde eu for* e *Se me ponho a orar*, ambas de Álvaro (a primeira, ainda inédita e a segunda gravada por Elvira no vinil *É pra cantar*).

A coisa não vingou pela batuta de Álvaro. Mais tarde coube a Tuca Nascimento a direção do trabalho de Samuel, feito de forma independente e gravado no estúdio *Alpha-ecos*, em Bangu, na Zona Oeste do Rio de Janeiro.

Meu canto de paz foi tocada por um pequeno período na rádio Melodia FM na voz de Samuel Carvalho e, tempos depois, em 2001, integrou o CD *Deus muda situações*, do pastor Victorino Silva, pela *Patmos Music*, disco este que lhe valeu, naquele ano, o Prêmio ABEC (Associação de Editores Cristãos), que condecorava os mais votados nas categorias literatura, comunicação e multimídia. Em 2005, passou a ser denominado de *Prêmio Areté.*

Mesmo assim, Álvaro continuou "namorando" a canção, dizendo que em alguma oportunidade iria gravá-la.

Cristo reina, por sua vez, permaneceu inédita.

Quando compus *Não há barreiras*, o primeiro a tocá-la num violão foi o amigo Samuel Carvalho. Gravei num cassete em sua casa. Ele havia gostado muito da música!

No começo fiquei um tanto desanimado porque a música exigiria muito de quem a cantasse, haja vista que no refrão as notas subiam em demasia.

Assim como fez Nenel, com sua música *Cuida de mim*, ensinei a canção *Não há barreiras* para o amigo Wanderlei Franklin (só não me recordo se o Wanderley dele é com "y") que cantava comigo no conjunto da igreja e o vi solando a canção uma vez certa noite.

Voltando ao ano de 1986, quando Álvaro pediu-me música nova para o álbum que faria, brevemente separei cinco ou seis canções, solicitando ao Wanderlei que me acompanhasse na preparação da fita.

Levei as músicas para o Álvaro, mas não me senti satisfeito com a seleção que fiz. Confesso que estava mais deixando que a habilidade musical dele ajudasse na escolha do que qualquer outra coisa. No entanto, bem sabemos que as coisas de Deus não funcionam assim!

Entreguei o material gravado com as canções ao Álvaro. Ele pôs a fita sobre um móvel da sala e iniciamos uma boa conversa, como de costume.

Eu continuava incomodado, até que a Voz falou-me ao ouvido: "*Mostra Não há barreiras para ele!*".

Pois é! Tinha deixado *Não há barreiras* de fora da seleção. Tampouco, lembrei-me dela quando preparei o cassete!

Imediatamente, disse ao Álvaro que precisava mostrar mais uma obra que compusera, momento em que fez menção de me devolver a fita para que eu a levasse e incluísse a tal "música derradeira".

Ao que respondi:

– Não vou levar a fita de volta. Vou ensinar a música agora pra você! Me dá um dó maior pra eu começar! (*sic*).

O Álvaro ligou um microfone, e, enfim, *Não há barreiras* uniu-se às demais como opção para o amigo.

Repertório fechado pela terceira vez em sua carreira, Álvaro viajaria para São Paulo para preparar um disco.

Dias antes da viagem, deu uma "palhinha" de *Não há barreiras* ao violão, deixando-me boquiaberto com a forma com que o que ouvia soltar a voz. Como fiz quando deu aquela prévia cantando *Só Jesus é a solução*, repeti:

– Você vai cantar assim?

Recordo-me que uma das músicas pioneiras em que ouvi um cantor – foi uma cantora, na verdade – desafiando a cultura do *gospel* da época foi no solo da balada *pop Breve Cristo vem* (*Soon and very soon*), do autor negro norte-americano Andrae Crouch, feito por minha querida Cristina Audi, do Conjunto Som Maior, em 1984 (portanto, dois anos antes do lançamento de *Não há barreiras*).

Detalhe revelador: no dia da gravação do LP *Ele é a razão de viver* do Conjunto Som Maior, os componentes vararam a noite no estúdio. Porém, pela manhã, quando o técnico iniciava a mixagem, ao ouvir aqueles melismas na música feitos por Cristina Audi, perguntou:

– *Nossa*, quem é essa *negona* cantando?

Quem cantou na versão em inglês foi a irmã de Andre Crouch, o que deixou Cris Audi felicíssima com a comparação feita pelo técnico de som, pois sua intenção era mesmo repetir o estilo *black gospel* do original da música.

Fazendo mais justiça a autores e compositores, a gravação da música *Breve Cristo vem*, pelo afinadíssimo Conjunto Som Maior, teve a inserção da música incidental *Rio profundo* (*Deep river*), do autor *Sam Cooke* e *Ninguém conhece o meu labutar* (*Nobody knows the trouble i've seen*), nigro spiritual que obteve gravações de vários intérpretes norte-americanos, inclusive do famoso trompetista *Louis Armstrong* (falecido em 1971), ambas consagradas no Brasil pela voz imorredoura do pastor Feliciano Amaral.

Para dar uma dimensão um pouco mais exata de quanto a canção *Ninguém conhece o meu labutar* é conhecida nos Estados Unidos, o personagem Sheldon Cooper, do seriado *The Big Bang Theory*, apareceu, em 2010, cantando-a no episódio *The Bus Pants Utilization of the American.*

Quando Álvaro comentou sobre a produção do disco, pela *Polygram*, a ser realizada no estúdio *Guidon*, não houve como deixar de fazer a associação ao Grupo Logos, isso porque a maioria de seus álbuns (senão todos) foi produzida naquele estúdio.

O estúdio *Guidon* foi alugado pela companhia *Polygram* para a gravação e situava-se à época na Avenida Lacerda Franco, no bairro Cambuci, no centro da capital paulista.

Em 1980, o estúdio havia sido comercializado para o Grupo Elo, dos queridos Jayro Trench Gonçalves, o Jayrinho, (falecido em 1981, num acidente automobilístico) e Paulo Cezar. Pouco tempo depois foi revendido ao antigo proprietário, Alexandre Guidon, que implantou nele equipamentos de 16 canais trazidos dos Estados Unidos.

Com a morte de Jayrinho, Paulo Cezar (com "z" mesmo e sem acento) fundou o Grupo Logos, inaugurando a nova jornada com o maravilhoso LP *Caminhos* de 1982.

Passados alguns dias, o disco é finalizado e Álvaro, de volta ao Rio, de posse de uma cópia do material, conclama os seus para a já tradicionalíssima audição.

Num desses dias, eu era a "vítima!".

Álvaro Tito leva a fita cassete ao aparelho de som. Coloca-a no *tape deck*. Gira o potenciômetro, aumentando o volume do rádio e aquele *tum* inesquecível do contrabaixo de Rogério Pereira, o Dunga, "glissando" na introdução da música nunca mais saiu da minha cabeça.

Chorei muito levado pela emoção por ouvir algo tão de Deus e quase "inundei" aquela sala. Não havia qualquer palavra que descrevesse o sentimento naquela hora.

Álvaro, para acabar de me "matar", ainda disse:

– Você *tá* chorando? Vai chorar mais ainda quando souber que *Não há barreiras* será o título do disco! (*sic*).

Quanto a isso, é bom que se diga que o presidente da gravadora mostrou-se reticente e totalmente contrário à colocação de *Não há barreiras* como título do disco.

Achava ele que, até mesmo pelo simples fato de o nome da música vir precedido pelo advérbio de negação "não", isso seria prejudicial ao trabalho, preferindo que *Vencedor* viesse como o carro-chefe do LP, porém, por conta da predeterminação e persistência de Álvaro, confirmando seu *feeling* numa produção que conduziu de ponta a ponta, prevaleceu mesmo a primeira opção.

Levei uma cópia da fita para casa e quanto mais a ouvia mais extasiado ficava. Afinal, aquela coisa toda nova, ou seja, o LP no seu todo; os arranjos saídos exclusivamente da inteligência privilegiada concedida por Deus a Álvaro; os vocais lindíssimos; os violinos e os metais; os 16 canais do estúdio com tecnologia importada da terra do *Tio Sam* etc., etc.

Outro exemplo de sua persistência musical: a grande violinista Mara Granado tinha em sua partitura a incumbência de executar um virtuosismo muito comum entre os guitarristas (*guitar note*), conhecido como "pica-pau", ou seja, tocar com a palheta nas cordas deixando o som meio que abafado.

Mara, a princípio, questionou esse deslocamento instrumental, mas, atendendo à solicitação de Álvaro, tocou como previa a partitura, e o resultado foi maravilhoso. Ele está registrado no *funk Só Jesus é a solução.*

Falando na expressão latínica *Et cetera*, não se pode olvidar de uma outra interessantíssima novidade: o multifacetado Álvaro Tito foi o baterista daquele disco (como o foi, igualmente, no LP Comunhão).

Como mencionado anteriormente, a capa do LP *Não há barreiras*, terceiro trabalho da carreira do cantor, foi a que o trouxe, pela primeira vez, abrindo um sorriso ao posar para a fotografia.

Toda a concepção do disco esteve sob sua direção.

Até aquela tonalidade amarela fluorescente, vista nas letras do título na capa, vem de um LP do cantor popular Agnaldo Timóteo, chamado *Presente de Deus*, lançado em 1986, pela gravadora 3M, mesmo ano de criação de *Não há barreiras*, quando pesquisávamos por sugestões e vimos o disco na gôndola de uma loja com o nome do intérprete mineiro de Caratinga, escrito em neon.

O LP *Não há barreiras* estava pronto e já distribuído nos fornecedores e bazares evangélicos – atualmente, o material *gospel* é exposto em *stands* de lojas de conveniências e em supermercados – o que é uma grandessíssima vitória, mas naqueles tempos era algo inimaginável, mesmo com o investimento de companhias seculares na música evangélica. Mas, todos esperavam por uma grande divulgação. Ledo engano!

A Polygram ainda confeccionou alguns pôsteres do álbum, porém o evento não foi sequer agendado por fatores desconhecidos, causando grande frustração no cantor e no seu público.

Capítulo 7

Rejeição de líderes evangélicos ao estilo de Álvaro Tito

Aquela evolução musical de Álvaro Tito, trazida pelo LP *Não há barreiras*, quebrando alguns paradigmas da música *gospel* de então, causou o cancelamento das programações agendadas com o cantor, por parte de alguns pastores, isso por acharem que Álvaro perdera a unção, fazendo, assim, um juízo de valor negativo a respeito do cantor.

Certo é que foi por meio dessa ousadia interpretativa de Álvaro Tito, num Brasil-evangélico-musical, muito aquém do que já se produzia em outros países, principalmente nos Estados Unidos, que os portões foram abertos por Álvaro para que outros intérpretes se sentissem à vontade e pudessem, enfim, soltar a voz sem receio de serem mal interpretados (sem trocadilho!).

É bom que se diga que algumas cantoras do *gospel* brasileiro, especialmente na década de 90, começaram suas carreiras com fortíssima influência em cantoras como as norte-americanas Whitney Houston e Mariah Carey, mas nem por isso sofreram discriminações preconceituosas a ponto de terem qualquer bloqueio em suas jornadas.

Sorte delas é que os tempos eram outros!

O Reverendo Billy Graham relata em sua autobiografia, que em 1994, em Atlanta, foi ao programa *Jammin' in the Dome*, que fazia parte da cruzada que estava sendo realizada no estádio de futebol americano do *Georgia Dome*.

A banda de rap *DC Talk* e o cantor Michael W. Smith já haviam cativado a plateia como em outras cruzadas realizadas para jovens.

Ao comentar sobre o *rap gospel*, Billy Graham declarou:

> Reconheço que não aprecio esse tipo de música nem costumamos apresentá-la normalmente em nossos trabalhos de evangelização. Mas os tempos mudam. Precisamos lançar mão de todos os métodos legítimos de que dispomos, desde que a mensagem essencial do evangelho não seja negligenciada nem comprometida.

Álvaro comenta o que viveu naquele tempo em entrevista ao site da editora Efrata Music, por ocasião dos 22 anos de vida do disco. Confira abaixo.

Entrevista com Álvaro Tito: 22 anos de *Não há barreiras*

Publicada em 13 de fevereiro de 2008

O cantor Álvaro Tito esteve visitando a Efrata Music e aproveitou para conceder uma breve entrevista alusiva aos 22 anos de lançamento do disco *Não há barreiras*. Confira abaixo!

Elvis Tavares: Qual a síntese que você faz do disco após tantos anos de lançamento?

Álvaro Tito: Realmente, foi o disco que marcou minha carreira.

ET: Você tinha dois discos gravados antes do *Não há barreiras*, que eram *Meu ser para Cristo* e *Deus transforma*, e a diferença de estilos foi nítida entre eles. O que isto significou para a sua carreira?

AT: Foi procurar o meu espaço no mercado fonográfico marcando um novo estilo de interpretação. Ouvi muitas críticas na época, com pessoas, inclusive, ligando pra mim falando mal do disco. A coisa foi tão cruel que os pastores das igrejas chegaram ao cúmulo de cancelarem toda a agenda já marcada alegando que eu estava sem unção.

ET: O que passava na cabeça de um jovem (evangélico, ainda por cima) abraçar a responsabilidade de ser o arranjador de um disco numa gravadora multinacional numa época nada comum para a música *gospel* no Brasil?

AT: Na minha cabeça era a coisa mais natural do mundo, mas o presidente da gravadora na época não absorvia essa situação, ou seja, de o cantor ser o produtor, músico (toquei bateria no disco) e arranjador simultaneamente. Tive que ser resistente a ponto de colocar a própria gravação em risco: ou eu fazia os arranjos e a produção ou não gravava!

ET: O disco *Não há barreiras* há muito tempo saiu de catálogo e nem sequer viveu a era do CD, mas parece que o público não se contentou com isso. O que você diz a respeito?

AT: Pois é, até hoje, passados 22 anos, o público clama pela edição desse disco em CD.

ET: Como foi sua experiência durante a gravação naquele ano de 1986? E como lidar com todos aqueles músicos tarimbados? Lembro-me, inclusive, de um episódio envolvendo a Mara Granado, conceituada violinista que atualmente vive na América do Norte, na hora de gravar seu violino através da partitura escrita por você.

AT: A gravação foi feita no estúdio Guidon e a emoção foi muito grande. Fiquei hospedado em São Paulo, num hotel, e o disco ficou pronto em duas semanas. Realmente houve uma pequena solicitação minha para que a Mara executasse um detalhe de virtuosismo mais comumente feito por guitarra e ela prontamente atendeu, ficando algo maravilhoso na música *Só Jesus é a solução.*

ET: Você tem noção dos números reais da vendagem do *LP Não há barreiras*?

AT: Tomando por base que o disco vendeu cerca de 250 mil cópias, na era do vinil, hoje, mais de 20 anos depois, essa soma poderia chegar, facilmente, a 1 milhão de cópias vendidas.

ET: Existe algum projeto sobre a possível disponibilização do *Não há barreiras* em *compact disc*? Aqui na Efrata Music recebemos diversos e-mails procurando pelo disco original.

AT: Sim, estou providenciando para breve. Possivelmente em abril próximo as pessoas terão o *Não há barreiras* à disposição no mercado na versão CD.

ET: Valeu, irmão, um abração!

AT: Outro pra você, mano!

Observação: quando Álvaro Tito ressalta, na entrevista anterior, que o disco *Não há barreiras* alcançou 250 mil cópias vendidas numa época em que a numeração das peças fabricadas não era descrita nem especificada no rótulo, na capa ou no encarte do material fonográfico, não se pode, em hipótese alguma, olvidar-se da batalha travada por João Luiz Woenderbag Filho, conhecido nacionalmente como o cantor e compositor Lobão.

Foi através de uma iniciativa dele, com o apoio dos cantores Roberto Frejat, Beth Carvalho e Ivan Lins (o Ivan foi mencionado no começo deste livro naquele episódio do gravador *Aiko*), que Lobão iniciou um movimento de combate efetivo à pirataria, no final dos anos 90, buscando-se simultaneamente a numeração dos CDs, permitindo, assim, saber-se, mediante controle, a quantidade de discos comercializados.

O movimento teve a repulsa das gravadoras, mas apoiados por outros artistas e por Nehemias Gueiros Júnior, advogado especialista no assunto e autor do livro *O direito autoral no show business*, publicado pela Editora Gryphus, veio à existência o Decreto no 4.533, de 2002, regulamentando o artigo 113 da Lei de Direitos Autorais, determinando que doravante os *CD*s fossem numerados por lotes.

Hoje – o leitor pode conferir – qualquer *CD* ou *DVD* não sai da fábrica sem a inscrição alfanumérica indicando o número de cópias prensadas.

Por exemplo, se a tiragem for de 10.000 peças, na capa do disco deverá, obrigatoriamente, constar "AA 10.000", seguindo-se, assim, nas demais tiragens, ou seja, AB, AC etc.

No livro *50 anos a mil*, escrito por Lobão, o aguerrido e obstinado compositor relata algumas fases da batalha que travou em prol de toda a classe artística musical brasileira – colocando-se, nesse bojo, intérpretes e compositores evangélicos – muito embora não tenha visto a notícia de nenhum representante nosso, músico-parlamentar, levantando essa bandeira.

Diz Lobão, em sua obra, em sua linguagem um tanto peculiar:

> Vou combater a picaretagem das gravadoras contra a pirataria com o argumento de que, sem a numeração legalizada, a indústria fonográfica se colocava no mesmo patamar dos piratas! (...) Por enorme coincidência, nas semanas seguintes, recebo um convite para uma noite de autógrafos do ilustre advogado, Nehemias Gueiros, que, por sinal, trabalhava para a BMG quando eu estava lá. Agora estaríamos do mesmo lado, pois o seu livro era dinamite pura, uma pedrada na vidraça da indústria. Telefonei para ele e marquei um jantar no Felini.
>
> O Nehemias seria o meu principal aliado naquela guerra...

Virando a página, registre-se que essa "resistência" ao novo trabalho fonográfico de Álvaro aumentava à medida que alguns evangélicos o comparavam ao cantor norte-americano Stevie Wonder.

Não sei como ninguém levantou a bandeira, em 1982, sobre o visível e agradável parentesco entre as baladas *Meu ser para Cristo* e *Sylvia*, de Elvis Presley!

E o que falar de Close to you, megassucesso da dupla norte-americana Carpenters, canção abrasileirada em *Calmo, Sereno e Tranquilo*, do Grupo Elo, no inesquecível disco *Ouvi dizer*?

"Resistência", no entanto, é palavra certa a ser empregada quando o assunto abordado é a música *gospel* desde sua origem.

O *gospel*, diferentemente da música sacra, esta última introduzida durante a Reforma, pelo monge alemão Martin Luther (ou *Martinho Lutero*), famoso pelas suas 95 teses que deram origem ao movimento protestante, e tendo como um de seus expoentes seu compatriota Johann Sebastian Bach, autor de *Jesus, alegria dos homens (Jesus bleibet meine freude)*, teve nascimento no sul dos Estados Unidos, entre os escravos trazidos da África, passando a moldar toda a música negra daquele país, com intérpretes de expressão mundial como Mahalia Jackson (falecida em 1972) e outros mais, alcançando maior propagação a partir dos anos 70.

E acontecia exatamente durante os trabalhos forçados na região sulista dos EUA quando os afro-americanos inspiravam-se para cantar seus *nigro spirituals*, também chamados de *worksongs*, na tristeza e na alegria, diferentemente do que ocorria com o povo de Deus, por exemplo, no exílio babilônico quando não entoavam cânticos por estarem sob castigo, conforme vemos nos Salmos 137, versículo 4.

O famosíssimo hino *Amazing grace* (*Preciosa graça de Jesus*), gravado por diversos cantores, espalhados pelo mundo, foi escrito por John Newton.

Ocorre que quando John Newton compôs a canção, sua profissão era mercador de escravo e atuava de maneira vulgar e cruel. A primeira vez que clamou a Deus em sua vida estava no meio de uma tempestade que quase o jogou fora do navio.

Sua conversão foi gradual.

Outra canção que escreveu foi *How sweet the name of Jesus sounds (Como é doce o nome de Jesus)*, isso enquanto esperava por um carregamento de escravos em um porto africano. Mais tarde, renunciando àquela atividade escravocrata, tornou-se pastor, lutando contra a escravidão, conforme retiramos do livro *Maravilhosa Graça*, de Philip Yancey.

A população negra em Memphis, nos EUA, sofreu bastante na luta por seus direitos sociais e o reverendo Herbert Brewster (pastor negro falecido em 1987), de certa forma abrindo as portas para Martin Luther King – xará do reformador – mesmo percebendo quão perigoso seria, naquela época, proferir palavras em tom de protesto, viu na música uma maneira mais sutil de passar sua mensagem. E de fato conseguiu seu intento.

O single *Move on up a little higher* (traduzido para *Mova-se um pouquinho mais*), escrita por Herbert Brewster, mostrava o imaginário de um cristão subindo a escada para o céu.

O Dicionário *Harward de Música*, de Don Michael Randel, edição de 1997, traz as seguintes definições (que aqui as resumo) referentes ao termo *gospel*:

1) O pregador Dwight Moody (1837-1899) e o cantor Ira Sankey (1840-1908) popularizaram as melodias simples, estróficas, escritas, homofonicamente, sobre fortes progressões tonais nas chaves principais. A poesia sentimental de Fanny Jane Crosby (1820-1915) exemplifica os textos agrupados em torno de uma ideia bíblica.

Observação nossa: esse sistema utilizado pelo missionário Dwight Moody que tinha o sermão precedido pela música de *Ira Sankey*, traz-nos à lembrança o saudoso missionário Bernard Johnson (falecido em 1994), que tinha em sua companhia, durante as campanhas e cruzadas pelo mundo, nosso estimado pastor e cantor Victorino Silva.

2) Canto protestante dos negros americanos e gênero religioso do século XX. Neste estilo os cantores ornamentam, radicalmente, melodias simples e gritam, salmodiam, gemem, sussurram e choram com voz plena e em falsete.

Mediante melismas floridos, habilidosas síncopes, alteração de certas notas (*blue notes*) e glissandos e a interpretação de frases formuladas ampliam ou repetem, livremente, qualquer fragmento do texto, como em *Lord have mercy*.

Mahalia Jackson (que somente cantou música *gospel* na carreira), é bom que se diga, gravou *Move on up a little higher* e vendeu cerca de 8 milhões de cópias, em 1947, pelo selo pouco conhecido, *Apollo Records* (algo sobrenatural!).

Para se traçar um paralelo – embora ele seja gritante – em 1947, Feliciano Amaral adentrava o estúdio para a gravação de seu disco pioneiro de 78 rotações, com a tradicional *Sou forasteiro aqui (The king business)*, de autoria do casal Elijah e Flora Cassel.

Embora saibamos que, nem de longe, a vendagem do compacto do amado pastor Feliciano Amaral, gravado naquele ano, tenha acompanhado o sucesso financeiro obtido pelos produtores do álbum de Mahalia Jackson, isso, inclusive, em razão do aspecto colonizador diferenciado havido entre o Brasil (catolicismo, introduzido pelos portugueses) e os Estados Unidos (protestantismo, introduzido pelos ingleses), muitas pessoas foram abençoadas (e ainda o são), pelo intérprete de *O eterno fanal* (do querido autor Ivan de Souza).

Veja o leitor que Portugal, apesar da vinda de D. João VI para o Brasil, em 1808, mesmo na condição de colonizador, não conseguiu fazer do fado um estilo de música com tradição por aqui.

Uma das canções *gospel* de origem norte-americana mais conhecida no mundo chama-se *There will be peace in the valley*, traduzida para mais de cem idiomas, de autoria de Thomas Dorsey (falecido em 1993), negro e filho de pastor batista, compositor de *jazz* e *blues*, tido por muitos como "O pai do *gospel*".

Portanto, numa dedução mais do que lógica, conclui-se que o que Álvaro Tito trouxe, em 1986, com o álbum *Não há barreiras*, por mais que o disco lembrasse o estilo do cantor Stevie Wonder (também evangélico), não se tratava de uma exclusividade do intérprete de *Superstition* (diz um dos versos da canção que "superstição não é o caminho").

Stevie também traz em si a herança da música *nigro spiritual* entoada pelos negros evangélicos durante suas jornadas de trabalho (as chamadas *worksongs*) em regime de escravidão e que se transformou em modelo musical seguido e apreciado universalmente tanto por negros quanto por brancos em todas as igrejas e até pela mídia popular.

Aliás, quantas não foram as canções em inglês que depois de algum tempo de sucesso mundial, descobrimos que se tratava de música *gospel*?

O cantor, além de Stevie Wonder, procurou absorver as boas influências musicais de Bobby Mcferry, Al Jarreau, Teddy Pendegrass, para nominar mais três deles.

Confira a entrevista concedida, em 2002, ao *site Universo Musical*, na qual é clara a constatação de que Álvaro mescla estilos musicais em seus trabalhos.

A felicidade do Stevie Wonder gospel

Em São Paulo, onde curte as férias dos filhos e aproveita para divulgar seu trabalho, Álvaro Tito, morador de Niterói, no Rio de Janeiro, fala ao **UNIVERSO MUSICAL** sobre seu último CD, **Levanta-te**, seu primeiro álbum pela *Top Gospel*, após uma passagem frustrante pela *Frank Records*, por onde lançou **Tempo de Alegria**. Intérprete do *mega-hit Não Há Barreiras* (de Elvis Tavares), Álvaro Tito apresenta mais um punhado de boas canções em seu mais novo disco, o 16o da carreira. Cinco delas já estão na programação das rádios: a bonita Levanta-te, a agitada *O Senhor É A Força*, a confortante *Quando O Crente Ora* e as introspectivas *Jesus Prometeu* e *Exército de Anjos*.

Uma salada de ritmos e mensagens em que ainda cabem a jazzística *Aventura*, o *reggae* de *Vem para Cristo* e os vocais trabalhados de *Quem Te Salvará*. Tudo isso tocado por uma banda afinadíssima, com direito à percussão, metais, violino, viola e *cello*. Mas o que mais chama a atenção é semelhança do cantor com Stevie Wonder – clara em faixas como *Levanta-te*, *O Senhor É A Força* e *Jesus Prometeu* – tanto na voz quanto no estilo de cantar. O cantor confirma a influência. "Aos 6 anos de idade eu já ouvia *Isn't She Lovely*", afirma ele, sem medo de declarar que bebe da fonte da música secular.

Confira abaixo a entrevista com o cantor, que fala também da alegria em estar na nova casa, de sua vida de produtor (ele produz Levanta-te ao lado de Ernani Maldonado) e sobre os projetos para o futuro, que incluem a retomada de seu selo e excursões com uma banda.

Como foi sua experiência na Frank Records, com Tempo de Alegria?

Tempo de Alegria foi um disco não contratual. O gravei inicialmente para o meu selo próprio, Ato Records, mas apareceu o convite da Frank e eu vendi a matriz para eles. A divulgação não foi boa, a distribuição deixou a desejar. Se eu soubesse que seria assim não teria feito. Soube que vendeu 40 mil cópias, um número bom para a forma como foi feito. Mas já passei por multinacionais como *Polygram*, RGE, Warner e estou acostumado com números maiores.

Como você chegou à Top Gospel?

Morei durante seis anos no Nordeste, saindo do eixo RJ/SP. Foi um período de reciclagem, em que fiquei compondo para o *Tempo de Alegria* e produzindo o CD. Quando ele ficou pronto e já estava na fábrica a Frank me achou e disse que estava começando um trabalho e me queria lá. Eu acreditei na proposta deles, voltei para o Rio e vendi a matriz, mas não foi como eu esperava. Então a Top Gospel soube que eu estava de volta ao Rio e o Marcelo Silva, que era o diretor artístico da época, me fez o convite e eu aceitei. Foi bom para voltar à mídia, ter de novo o contato com o público.

O que você está achando da divulgação do atual trabalho?

Este CD foi lançado em dezembro de 2002 e está batendo na trave – faltam 28 mil cópias para chegar aos 100 mil. A expectativa é de que até dezembro próximo chegue a esse número. Quanto mais CDs vendidos, maior o número de lares alcançados e maior o número de outros bônus trazidos. Aumenta a quantidade de *shows*, a agenda fica maior. São várias coisas somadas.

Até agora já foram trabalhadas cinco músicas nas rádios. O que você acha disso?

Uma coisa que eu sempre brigava com as gravadoras é que elas trabalhavam uma faixa durante dois, três meses. Então, durante o ano, de um CD com 12 faixas tocavam apenas quatro. A Top Gospel fez o contrário – até agora foram cinco.

Então você está feliz na Top Gospel?

Sim. O que mais me agradou foi a distribuição. Cheguei a Roraima em maio e o CD já estava lá, o pessoal conhecia. No Acre foi a mesma coisa. Já o CD anterior ninguém conhece – tem gente que ainda acha que é o novo.

Onde você faz shows?

Em 80% dos casos em congressos, igrejas e ginásios, sozinho. Desde abril, 20% dos *shows* têm sido com banda. Em 88, eu fazia apenas quatro ou cinco *shows* por ano com banda. Em 2002 foram oito eventos. Em 2003 já fiz cinco, e tenho pelo menos mais quatro previstos. A expectativa é ter pelo menos um *show* ao vivo por mês. Para o ano que vem a intenção é dobrar esse número, com um *marketing* mais pesado.

Seu CD é muito agitado, com vários ritmos, inclusive reggae. Você gosta disso?

Sim. Desde pequeno que eu convivo com a música. Nasci num lar evangélico, e comecei a ter contato com a música desde cedo, na igreja, depois estudei durante dois anos na Escola Villa-Lobos, e acabei formando esse meu lado produtor. Ouço todos os gêneros, mesmo que não me identifique com alguns. O artista tem que estar atualizado.

Em algumas faixas de Levanta-te você lembra muito Stevie Wonder. Ele é uma influência na sua carreira?

É sim (risos). Aos 6 anos de idade eu já ouvia *Isn't She Lovely*, e também ouço essa fase mais atual dele. Acompanho a música negra americana, de grupos como o Commodores e o produtor Quincy Jones. Quando comecei a carreira, a música evangélica tinha outra roupagem. Para não ficar igual, procurei outro caminho, e graças a Deus consegui meu espaço.

Então você escuta música secular? Não acha errado?

Olha, o que deve nortear a vida do levita é a consciência de que a melhor mensagem quem tem somos nós. Existem muitas músicas seculares com mensagens positivas, de autoajuda. Não tenho nada contra, mas a mensagem genuína é a do Evangelho. Muitas pessoas me pedem para gravar um disco popular, mas a música que faço é popular, pra cima, pra toda a família, não só para os evangélicos. É claro que um disco tem que ser comercial, e eu procuro abrir o leque. Para isso, procuro também material que não é genuinamente evangélico. No início sofri um pouco de preconceito por causa disso, principalmente pela liderança, já que os jovens sempre gostaram, mas hoje as pessoas estão bem mais abertas.

Quem você já produziu?

Cristina Mel, Marcos Góes, Wagner Carvalho, Mito e outros. A partir do ano que vem, além do trabalho com a banda, pretendo retomar o selo, lançando novos talentos. A gente não pode ficar parado, é preciso renovar a música. Ela é dinâmica.

Com o contrato com a Top Gospel em vigor, você pretende lançar somente novos artistas no seu selo? Não teme que a dificuldade de tocar em rádio, inerente às pequenas gravadoras, dificulte o trabalho?

Sim, vou lançar apenas novos artistas. O principal problema dos selos pequenos é a distribuição, e a solução para isso é a parceria. Realmente é difícil aparecerem novos valores nas gravadoras grandes, as ditas majors, porque elas têm compromisso com os artistas consagrados. Já os selos têm essa facilidade. Acredito nesse complemento.

O que você acha dessa proposta da Top Gospel de estampar o preço na capa do CD?

Não tenho nada contra. Tem gente que acha que o preço deve ser livre. Mas a gravadora quis facilitar o acesso da população ao CD, à obra do artista. O CD a R$ 18, R$ 20 é caro demais. A Top Gospel começou colocando o CD a R$ 6,90, e foi um verdadeiro estouro. Depois ela reformulou o preço e pôs a R$ 9,90, que ainda é excelente. Acredito que, para disciplinar o lojista, não há outro jeito. O ideal é que se venda o CD com 30% de lucro, mas eles querem vender pelo dobro, e o produto fica encalhado. Nos EUA os lojistas compram o CD a US$ 10 e o revendem a US$ 11, para renovar o estoque.

Há que se lembrar ainda que Stevie influenciou a carreira de Kirk Franklin, cantor evangélico norte-americano que já esteve no Brasil, em *tournée* e é muito querido por aqui.

Em nosso país, vários cantores inseriram em seus discos o *blues Paz no vale* (numa tradução mais livre), cite-se, novamente, o longevo Feliciano Amaral e Adilson Lopes.

Fato é que uma das gravações de maior sucesso de *Paz no vale* ocorreu com Elvis Presley (que era caucasiano nascido em Memphis, ou seja, no epicentro da discussão racial nos EUA), em seu primeiro disco *gospel* (na verdade, um compacto duplo), feito em 1957.

Outro detalhe: o programa de maior audiência nos Estados Unidos naqueles anos era o do apresentador Ed Sullivan e que se mostrou reticente quando Elvis – atração daquela noite – anunciara que cantaria Paz no vale, ou seja, uma música evangélica num programa secular.

A comparação é interessante e conduz a uma reflexão: enquanto Elvis Presley fez um disco com a música *gospel Paz no vale*, isso muito a contragosto da gravadora secular *RCA Victor* (hoje *Sony Music*), uma vez que o povo evangélico brasileiro adotou a música, frequentemente, em seus cultos e em todas as denominações, Álvaro Tito, por sua vez, gravou um LP pela gravadora secular *Polygram* (hoje *Universal Music*) e obteve resistência de grupos e líderes evangélicos por entenderem que a unção de Deus, em sua música, esvaíra-se.

Muito a propósito destaco o livro *No divã de Deus – Volume III*, escrito pelo pastor Caio Fábio, no capítulo *Superando preconceitos e estigmas*, ratificando que Álvaro manteve sua persistência e prosseguiu na jornada. Diz o trecho:

> Ninguém carregou mais preconceitos na história humana do que Jesus de Nazaré. No entanto, há pessoas (e muitas!) que são vítimas de discriminação as mais diversas. Enquanto umas são vítimas, outras se deixam vitimar, tornando-se complexadas. Há quem seja objeto de preconceito, mas não se torna complexado. A maioria das pessoas, porém, quando se veem como alvo de observações adoecidas e distorcidas, não conseguem sobreviver a essa projeção, e, então, adoecem.

Álvaro, atento a tudo, conforme o significado de seu nome sugere, foi o divisor de águas da música evangélica nacional naqueles anos 80. A comprovação de que tudo o que permeou aquele trabalho tinha o sinete divino permanece inconteste com o passar do tempo.

No entanto, contabilizados, agora em 2011, 29 anos de estrada do cantor, o livro *Dicionário do Movimento Pentecostal*, lançado pela Casa Publicadora das Assembleias de Deus – CPAD, no tópico que aborda os hinos e os compositores pentecostais, não menciona o nome de Álvaro Tito, embora ele nunca tenha se desvinculado da denominação "Assembleia de Deus".

O caso faz-me lembrar que namorava minha esposa, numa determinada ocasião, e conversando com ela, comentei ser o autor da música *Não há barreira*s, não havendo, da parte dela, qualquer reação.

Tempos depois (isso foi nos anos 90) ela me confessou meio que sem jeito, que pensou que usei aquilo como forma de ganhar pontos na nossa relação de namorados.

Estava ela na casa da Ana Júlia, uma de minhas cunhadas – esta reside em Brasília – quando viu uma fita cassete do Álvaro, referente ao disco *Grandes momentos*, feito pela *Warner Music.*

Lá estava *Não há barreiras* e o nome Elvis Tavares nos créditos... O desfecho recheado de "perdão, Amor", o leitor amigo pode imaginar.

Capítulo 8

Aceitação de líderes evangélicos ao estilo de Álvaro Tito

Num culto pela manhã, durante a comemoração de aniversário do templo da Assembleia de Deus de Campo Grande, logo após a gravação do LP, Álvaro subiu ao púlpito para cantar.

A nave da igreja estava superlotada. Somente consegui lugar na galeria que ficava defronte ao púlpito e mesmo assim em pé.

Agindo como mero ser humano, fiquei preocupado com o amigo, por causa daquela anunciada rejeição ao disco, mas Deus estava no negócio!

Álvaro não passou da primeira estrofe da canção *Pelo sangue de Jesus* sem que todo aquele público de irmãos não fosse envolvido pela unção que vinha do som de sua voz. Realmente, Deus estava ali aprovando cada detalhe do disco!

Com seu espírito empreendedor aguçado, Álvaro Tito sempre quis expandir seus investimentos além das fronteiras musicais, inclusive desde a adolescência quando se aventurava pelo Calçadão da Rua Coronel Agostinho, em Campo Grande, sem medo de ser feliz, vendendo salgadinhos feitos pela mãe.

Tanto é que contemporaneamente ao lançamento do LP *Não há barreiras*, Álvaro se associou aos primos José, Manoel S. O. Filho e Mateus para, juntos, formarem o magazine de roupas femininas *MANJOT* (obviamente, as iniciais indicavam "*MAN*", de Mateus e Manoel; "*JO*", de José e "*T*", de Tito).

Mergulhando no novo desafio, Álvaro aparece, inclusive, cantando o *jingle* comercial da *MANJOT* (que era uma espécie de butique), veiculado na rádio Melodia FM, emissora evangélica de maior audiência do Rio de Janeiro.

"Manjot! O seu novo estilo de vestir! Manjot! Roupas lindas em você! Manjot!" Assim dizia a letra do *jingle* na voz de Álvaro.

Infelizmente, o negócio não avançou até o patamar desejado, brecando, inclusive, a execução das musicas do LP *Não há barreiras*, então sintonizadas no *dial*, no antigo prefixo 97,3 – Nova Melodia FM (agora mudou para 97,5), pelas pendências pecuniárias criadas com a veiculação do comercial da loja.

O disco *Não há barreiras*, como o título denota, rompeu com as barreiras do preconceito dos evangélicos da época contra a interpretação inovadora de Álvaro Tito e venceu a escassez de divulgação do LP nos órgãos da mídia, sendo, sem sombra de dúvida, um dos campeões de venda, conforme assevera o próprio cantor.

Essencialmente, as canções que repercutiram por todo o Brasil dessa "bolacha" foram *Não há barreiras e Pelo sangue de Jesus*.

Repercutiram tanto que, em alguns casos, influenciaram outros autores, como foi o caso de Mattos Nascimento que, ao compor *Anjos poderosos*, disco que saiu pela Nancel Produções, em 1993, seguiu alguns compassos da canção *Não há barreiras*, nas frases: "Sou guardado por um anjo, um anjo que me guarda com amor..." e repetiu em: "Se quiseres ser guardado é só a Jesus Cristo aceitar..." e mais uma vez em: "Um sorriso nesta hora Deus vai dar se você o aceitar...".

Realmente, *Não há barreiras*, bem como *Pelo sangue de Jesus*, entrou para o *setlist* de Álvaro.

Ele até brinca dizendo que se não cantá-las nas igrejas ou programações em que recebe convite, corre o risco de ser "linchado". Costuma a dizer, nas apresentações atuais, que cantará um "lançamento novo" do ano de 1986.

A questão interessante a ser posta em pauta também diz respeito aos direitos autorais.

No meio musical, para que compositores e intérpretes recebam respectivamente os direitos autorais e conexos, necessário é que estejam cadastrados em sociedades musicais.

Quem indicou-me o "caminho das pedras", na década de 80, para buscar uma associação de controle de direitos autorais foi o autor Misael Alcides, autor de *Maior é Deus*, gravado por Elite Neves.

Ficamos, eu e Álvaro, como autores, por mais de 20 anos vinculados à União Brasileira de Compositores (UBC), depois fomos para a Associação Brasileira de Música e Artes (ABRAMUS), onde permanecemos até hoje.

Durante algum tempo a música *gospel* não tinha a cultura de efetuar pagamentos autorais pela vendagem de discos. O intérprete gravava o disco pelo selo fonográfico e a praxe mais comum era comprar a caixa com 25 peças, com 40 por cento de desconto.

Soube de autores que "se atreveram" a buscar seus direitos com as gravadoras e foram alcunhados de mercenários.

Eu mesmo tive o pedido por uma delas, lá por aqueles anos, para que assinasse um documento sob a justificativa de que aquele ato seria para a defesa de meus direitos autorais.

Espero pelo pagamento até hoje!

Somente com a investida da multinacional *Polygram* para

o mercado *gospel* brasileiro é que as primeiras noções de obrigatoriedade na prestação de contas vieram à baila.

Da mesma forma ocorria com as rádios inadimplentes com o ECAD – órgão responsável pelo repasse dos direitos aos cantores e autores – ainda ocorre com algumas – quando a música tocava nas emissoras de rádio, televisões e programações ao vivo, sendo necessário que fossem feitos os depósitos na conta do ECAD dos valores referentes à utilização das obras por tais veículos.

Imagine o leitor como seria a arrecadação autoral de Álvaro Tito, nesses anos todos, com todos esses discos gravados!

Não há barreiras tem atualmente regravações com a querida Jeanne Mascarenhas, Banda & Voz, ambos pela *Graça Music* e DJ Alpiste com participação de Álvaro Tito em seu disco *Invencível*, pela *Sony Music*.

A rádio Melodia FM costumeiramente realizava o *Projeto Celebrai* na Quinta da Boa Vista. Estive presente num deles quando Álvaro cantou *Levanta-te* e *Não há barreiras*.

O palanque geralmente era montado próximo ao lago, ficando frontal ao Museu Nacional de História Natural da UFRJ.

Foi uma cena impressionante ver aquele vale da Quinta da Boa Vista, empinhado de gente do palco até o Museu e todos cantando *Não há barreiras*, num coro só.

Nesse dia do *Projeto Celebrai*, busquei o saudoso amigo Ed Wilson em casa – ele estava sem carro – e levei comigo, minha filha, Anna Luiza, então com 9 anos de idade. Ela era fã do cantor Claudinho Maciel que pertencia ao elenco da *Top Gospel*.

De cima do palanque, Anna Luiza assistia fascinada àquele mundaréu de pessoas, lotando a antiga morada do imperador brasileiro D. Pedro II, vendo as "feras" do *gospel*, cantando e sendo acompanhadas pela multidão.

Vale a pena relembrar aqui a letra de *Não há barreiras*:

Não há barreiras
(Elvis Tavares/Mercury Ed.)

Sei que os problemas vão surgir
Sei que provações virão
Põe a tua fé no intercessor que é Jesus
Que sempre te estende a forte mão
Sei que as muralhas do temor
Hão de intimidar teu ser
Mas põe a tua fé no intercessor que é Jesus
E as barreiras tu irás romper

Pois não há barreiras
Para aquele revestido do poder
Que vem de Deus
Destruindo todo mal e dor
As mais altas barreiras
Tu irás transpor

Sei que não há nada
Nem ninguém
Que consiga separar
Um cristão de Deus
E de uma vida mais além

No céu onde os temores vão cessar
É intransponível esse amor
Que Jesus tem pelos seus
Dando o livramento em plena luta
Em plena dor
Jesus é o nosso grande intercessor

Vale a pena relembrar aqui a letra de *Pelo sangue de Jesus:*

Pelo sangue de Jesus
(Álvaro Tito/Mercury Ed.)

Quantas vezes tens chorado aos pés do Senhor
E agora prontamente Deus atende o teu clamor
Eis que agora um anjo traz a benção pra você
E a vitória você vai receber

Pelo sangue de Jesus tu vais vencer
No sangue de Jesus tem poder
Pelo sangue de Jesus comece a cantar
Pelo sangue de Jesus Deus vai operar

Deus conhece o teu ser e jamais te esqueceu
Lembras quando aflito estava e ele te socorreu
Agora uma vez mais tu sentirás
O teu poder, pois lá do céu sobre ti Ele vai descer
Pelo sangue de Jesus tu vais vencer

No sangue de Jesus tem poder
Pelo sangue de Jesus comece a cantar
Pelo sangue de Jesus Deus vai operar

Deus está olhando agora o teu coração
Quer encher tua vida o teu ser de plena unção
Agora todo mal que te aflige vai sair
Pois o poder de Deus está sobre ti

Se por um lado alguns dos evangélicos criticavam Álvaro Tito pela ousadia do seu trabalho musical, trazido pelo LP *Não há barreiras*, a mídia popular, por sua vez, percebia a movimentação do segmento *gospel*, entendendo que estava ali um filão (rentável) para a indústria fonográfica.

Confira a seguir a matéria do jornalista Aramis Millarch (falecido em 1992), publicada em 5 de abril de 1987, no jornal *Estado do Paraná*, lembrando que o disco *Não há barreiras* tinha sido gravado há um ano.

Messianismo musical com muito marketing

Paralelamente ao crescimento do chamado messianismo eletrônico, ou seja, as igrejas evangélicas assumindo emissoras em FM/AM e, mesmo horários em programas de televisão, também há alguns anos vem se desenvolvendo uma faixa própria de produção musical evangélica. São centenas de grupos vocais, corais e mesmos solistas que se voltando exclusivamente à música espiritualista alcançam vendagens extraordinárias – embora nunca contabilizadas nas paradas de sucesso oficial.

Se a organizada ordem das Irmãs Paulinas, que atua no mercado editorial, possui também uma linha de discos religiosos com músicas católicas, os evangélicos são muito mais agressivos em termos de *marketing* – e haveria centenas de exemplos para provar a força deste mercado.

O pastor Mateus Janchen (*o nome correto é Matheus Iensen*), de Curitiba, proprietário da antiga rádio Marumby – eleito deputado federal nas últimas eleições (e que integra a comissão de Comunicação na Constituinte), implantou há alguns anos um moderníssimo estúdio de gravação no bairro da Boa Vista, por onde são produzidos centenas de discos evangélicos, comercializados pela sua própria igreja. E cada uma das múltiplas seitas evangélicas possui seus *casts*, numa disputa natural dos humildes e crédulos adeptos de cada uma.

O mercado é tão forte que até uma organização poderosa como a Fonobrás foi acionada agora para distribuir e divulgar discos evangélicos, os quais, segundo Roberto Berro, representante territorial da empresa, alcançam ótimas vendagens – embora sua divulgação se restrinja às próprias igrejas e aos programas de evangelização.

Por exemplo, com o selo *Polygram*/Evangélico, saíram quatro LPs – produções modestas, de custo reduzido, mas com amplas condições de obterem excelente faturamento. O grupo Rebanhão, que ainda recentemente esteve em Curitiba apresentando-se no templo que funciona num circo inflável, próximo ao Alto da Rua XV, saiu com o disco chamado "Semeador". Formado por Carlinhos Félix (guitarra/vocal), Pedro Braconnot (teclado/vocal), Paulinho Marotta (baixo/vocal), Natam (vocal), mais Fernando Augusto (bateria) e com participação especial de Sidney Ferreira, também na bateria, o grupo apresenta canções próprias, em estilo jovem, com letras que parecem, naturalmente, hinos catequisadores falando em paz, confiança, amizade e amor. Temática comum em todos os intérpretes, como na dupla Edison e Telma (*Toca Em Jesus*), exclusivamente com canções de Edson Coelho, com títulos que já definem o conteúdo das letras: *O Nome É Jesus, Corro Até Jesus, Irmãos Do Interior, Vale A Pena Ser Crente, Sorria, Estamos Alegres* (este uma adaptação do Salmo 126). Já o baixo David Montenegro, com uma voz forte em seu *Pássaro Perdido*, reuniu composições de Paulo Romas, Jota Costa e Pompílio, enquanto outro afinado cantor evangélico, Álvaro Tito (*Não Há Barreiras*), traz composições próprias (*Vencedor, Pelo Sangue De Jesus, Só Jesus É A Solução, Tudo Será Paz*) entre composições de outros autores que se voltam também às canções evangélicas.

O movimento das *Diretas-Já*, já registrado aqui, transcorrido no biênio 83-84, certamente, despertou o desejo de muitos brasileiros em vislumbrar uma mudança mais favorável no panorama político da nação.

No pleito de 1988, por exemplo, foram realizadas as eleições municipais, e Álvaro Tito, filiado ao extinto Partido Democrático Cristão, candidatou-se ao cargo de vereador.

Álvaro utilizou o slogan *Juventude sem barreiras*, inteligentemente pegando um gancho na história vitoriosa do LP *Não há barreiras*.

Cheguei a acompanhá-lo numa reunião do partido cujo orador era o ex-parlamentar José Colagrossi, isso porque o PDC fazia parte de uma coligação com o partido do cantor.

Pelos parcos recursos financeiros para a campanha, a

imagem de Álvaro não foi veiculada durante a propaganda eleitoral na televisão e no rádio, deixando grande parte do eleitorado admirador de AT sem sequer ter ciência de sua candidatura.

Se levar em consideração que grande parte das pessoas escolhe seus candidatos na última hora, estaria aí uma boa chance de o cantor-candidato ter tido melhor sorte naquele pleito.

A contagem dos votos ainda acontecia manualmente, muito embora, naquela eleição de 1988, o juiz eleitoral catarinense Carlos Prudêncio, cansado de proceder no fechamento dos votos, cédula por cédula, resolveu utilizar um computador para efetuar o somatório, inventando ali o protótipo ou embrião do que é hoje a urna eletrônica.

Álvaro Tito não compareceu para o escrutínio em nenhuma seção eleitoral, talvez desmotivado pela quase que inexpressiva campanha, pelos motivos já explicados, preferindo ficar em casa assistindo a um *show* do cantor Stevie Wonder, transmitido pela televisão, por conta da edição do Free Jazz Festival, que acontecia naquele ano, mesmo assim conseguiu angariar mais de dois mil votos.

Vale lembrar o repertório do memorável disco *Não há barreiras*:

Lado A

Vencedor (Álvaro Tito)

Tudo será paz (Álvaro Tito)

A caminhada (Jorge Severiano)

Pelo sangue de Jesus (Álvaro Tito)

Lado B

Não há barreiras (Elvis Tavares)
Fica Jesus (Olindina Ramos)
Cuida de mim (Manoel S. O. Filho)
Mais uma vez (Álvaro Tito)
Só Jesus é a solução (Álvaro Tito)

Capítulo 9

Gravação do LP *Comunhão*

Avançando no tempo, chegamos à segunda produção musical de Álvaro Tito pela *Polygram* e, sempre vanguardista, buscava inovações em seus trabalhos.

Os compositores "domésticos" mais uma vez marcaram presença com suas canções. Lá estavam seus pais, Olindina Ramos e o pastor Jorge Severiano, cedendo, respectivamente, os *funks A bíblia e Desperta igreja*.

Manoel S. O. Filho, seu primo Nenel, teve a balada *pop Comunhão* guindada à condição de título do LP.

Na capa do disco, a exuberância elegante de Álvaro é vista num *smoking* azul, quando, a exemplo de *Não há barreiras*, o sorriso é liberado pelo cantor.

Álvaro esteve conversando comigo, às portas da seleção do repertório do LP *Comunhão*, quando eu ainda morava na casa de meus pais, em Santa Cruz, mostrando-me, ao violão, a movimentadíssima *Com Jesus na vida*, feita por ele, surpreendendo-me – o que não era anormal – com o andamento rítmico da música.

Nesse LP, o cantor deu espaço para outros colegas autores, como o fez com Paulo Francisco, autor da obra *Alguém que te ama*, um bonito *blues* do amigo PF.

Paulo compôs um dos grandes êxitos da carreira de Rose Nascimento, a canção Não ceda.

Álvaro incluiu também a obra Por muito tempo, canção com arranjos em ritmo dum arrojado baião, composto pelo nosso amigo Luiz Nascimento, um dos integrantes originais do inesquecível Conjunto Sonoros que está na estrada há mais de 40 anos.

Por muito tempo, inclusive, foi reutilizada pelo Conjunto Sonoros, em 1991, no disco *Nada me faltará*, constando como a oitava faixa do trabalho.

Da mesma maneira que procedeu na escolha do *backing* de *Não há barreiras*, convocando vocalistas amigos desde a infância, Álvaro procurou repeti-los no vinil *Comunhão*, utilizando, assim, as vozes das irmãs Bezerra, ou seja, Raquel, Norma e Jairlene, de Elvira, de José Severiano, Jéferson Monteiro (ex-Grupo Altos Louvores) e a mim.

Dias antes de adentramos o estúdio para a colocação das vozes nas músicas escolhidas para terem vocal, ensaiamos exaustivamente na residência dos pais de Álvaro.

Na data agendada, cada um com seus headfones grudados nos ouvidos, poucas foram as vezes em que se interrompeu a gravação em decorrência de possíveis falhas na afinação, deixando o produtor executivo, Alceu Damico e o técnico da mesa de som, João Moreira, um tanto surpresos com a precisão do pessoal, principalmente, porque o arranjo vocal tinha bastante travalínguas do tipo *ta-ba-da-ba-da-ba-da ta-ba-da-ba-da-ba uera-uera tchu-ru-ru-ru...*

No estúdio sobrava exemplo de infraestrutura. No quesito da logística, então, nada havia de comentar-se negativamente. Enquanto em várias oportunidades participei de gravações em que se os músicos não se cotizassem para fazer um rateio para comprar, pelo menos, uma *pizza* ou pão com mortadela e *coca-cola*, ou morreriam de fome, durante a gravação do disco da famosa gravatinha borboleta de cor azul, tínhamos um verdadeiro restaurante à nossa disposição para que não "esmorecêssemos" ali. Afinal, como fala o dito popular, *saco vazio não para em pé*!

Inegavelmente, quando Álvaro compôs *Riqueza* e escalou sua irmã Elvira para acompanhá-lo, as linhas do sucesso da música já estavam traçadas por Deus. Tanto é verdade que *Riqueza* constitui-se numa das pérolas do repertório de Álvaro como se a canção fosse composta nestes dias.

Riqueza obteve uma regravação pelo cantor Alex Gonzaga, no álbum *Canções, eternas canções*, pela *MK Music*.

Continuando na preparação das músicas para o disco *Comunhão*, mandei algumas obras inéditas, como de costume, para Álvaro avaliar, mas na cabeça dele tudo já estava traçado.

Minha preferida para a gravação dele, na época, era *Jesus é o ouro* (Marcelo Tavares/Elvis Tavares), que acabou entrando no meu *CD O sinal*, de 2003, feito de forma independente e gravado nos estúdios da Banda Sinal de Alerta.

Jesus é o ouro sequer foi ouvida, em razão do planejamento prévio de Álvaro para o *LP Comunhão*.

O pastor Jorge Severiano adquirira um potente *microsystem*, com toca-fitas duplo, no qual o som era retransmitido, equalizado e ampliado lindamente por conta do recurso que o aparelho dispunha.

Álvaro colocou um cassete com duas melodias para tocar e que não tinham letra ainda, convidando-me para a parceria.

A balada *Promessa* eu escrevi praticamente sozinho, enquanto *Brilha* foi idealizada a duas mãos, iniciando com a frase poética "No horizonte brilha a luz da vida, ao alcance está dos olhos teus...".

No dia inicial para colocação de voz no LP *Comunhão*, Álvaro estava ligeiramente resfriado, mas a expectativa para impulsionar a gravação do projeto era tamanha que depois de umas duas "passadas" na música *Promessa*, a garganta não apresentou qualquer impedimento às pretensões do cantor.

Para a instrumentação do pop *rock Com Jesus na vida* (lembrando que *funk* é a fusão dos ritmos *soul*, *jazz* e do *rhythm and blues*, todos originários da música negra dos Estados Unidos), foi arregimentado um naipe de cordas da Orquestra Sinfônica do Rio de Janeiro, porém a equipe viu-se desconfortavelmente para a execução dos arranjos escritos por Álvaro, isso por deparar-se com uma autêntica e complicada "harmona torta", culminando com a ameaça de dispensa desses músicos relacionados para a orquestração de determinadas canções daquele álbum.

Depois de deliberarem a respeito, foi promovida uma nova tentativa, conseguindo os músicos finalmente a execução a contento do que estava escrito pelo maestro Álvaro.

A gravação das vozes do coro varou a madrugada, encerrando-se somente quando o cantor mostrou-se satisfeito com o resultado final.

Numa das sessões em que eram montados os *backings vocals*, estávamos dispostos no salão da *Polygram*, quando entrou pela porta da administração do estúdio o ex-deputado federal Francisco Silva, proprietário da rádio Melodia FM do Rio de Janeiro.

A visita do empresário foi parte de um acordo com a gravadora multinacional visando (re)inserir as músicas de Álvaro na grade da programação da emissora, suspensa desde a pendência motivada pelo *jingle* veiculado no ar, fazendo publicidade da loja de roupas *MANJOT*, empreendimento montado entre Álvaro, seus primos Manoel e José, como já dito.

Fechado o acordo, eis que as músicas do LP *Não há barreiras* retornaram à execução na rádio, isso para a alegria dos ouvintes e admiradores do cantor.

O álbum *Comunhão* foi concluído e, no *dial* da Frequência Modulada (FM), os cariocas sintonizavam o prefixo 97,3 e podiam ouvir a transmissão inusitada do radialista Paulo César Graça e Paz (falecido em dezembro de 2011) à frente dos microfones.

Paulo César de Faria, conhecido como Graça e Paz, começou suas atividades como locutor na rádio AM, Boas Novas, nos anos 80, apresentando o programa *Música viva.*

Sua popularidade aumentou à medida que liderava as programações da rádio Melodia na Quinta da Boa Vista, colaborando, creio eu, que fosse eleito deputado estadual, pelo Rio de Janeiro e vereador, pelo município de São Gonçalo.

Logicamente, por enquadrar-se mais em seu perfil, imaginamos que ao manusear o vinil *Comunhão* de Álvaro Tito e ouvir a balançada *Com Jesus na vida*, não se poderia crer que não fosse a música escolhida pelo locutor Graça e Paz para jogar no ar, transmitindo-a pelas ondas da rádio líder de audiência entre os evangélicos, ficando superior, no *IBOPE (Instituto Brasileiro de Opinião Pública e Estatística)*, a emissoras seculares pertencentes, por exemplo, ao Sistema Globo de Rádio.

Vale lembrar a letra de *Com Jesus na vida.*

Com Jesus na vida

(Álvaro Tito/Mercury Ed.)

Vamos dar um chega pra lá
Nessa tristeza, companheiro
O esplendor de um novo viver

Chegou e esse é o verdadeiro
Pra sentir o amor se liga na paz e no perdão
Abra agora o seu coração
Sinta a emoção
Pare de sofrer
Tristeza não

Com Jesus na vida
A vida é mais bonita
Jesus Cristo tem todo poder
Pare de sofrer
Seja feliz
Com Jesus na vida
A vida é bem vivida
Cada instante com Jesus Cristo é muito legal
Jesus é especial
Seja liberto por Jesus
Que sensasional

No encarte do disco, incluiu-se a fotografia da trupe do vocal para marcar bem a ocasião histórica. Eu, no entanto, "apareço" somente nominado nos créditos do álbum, uma vez que, no dia marcado para a sessão de fotos, estava em Cabo Frio, Região dos Lagos do Rio de Janeiro, faltando, assim, à chamada.

Álvaro, dada à carreira apertada pela agenda que cumpre até hoje, reatando os laços presenciais com sua igreja de origem, buscando amenizar a saudade que certamente nutria das pessoas que acompanharam seus passos desde a mais tenra idade, agrupou toda a juventude da Assembleia de Deus de Campo Grande no estúdio da *Polygram*, na Barra da Tijuca, arregimentando um supercoral para a música *Poder de Deus*, escrita por ele mesmo.

Comunhão foi o segundo e derradeiro trabalho de Álvaro Tito pela então gravadora holandesa *Polygram* com sede no Brasil.

O disco diversificou-se em muito do estilo trazido pelo *Não há barreiras*, fazendo com que a repercussão do álbum da fotografia do bonito *blue smoking* não fosse tão satisfatória. Todavia, permanece grande a procura pelo disco que não teve digitalização pela *Polygram*. O mesmo pode-se dizer do *Não há barreiras*.

Vale a lembrança da letra de *Riqueza*.

Riqueza
(Álvaro Tito/Mercury Ed.)

Eu sei alguém te machucou talvez
É assim, a gente nem prevê
A tristeza vem e sobe, a gente desce
E o coração demonstra enfraquecer
Porém, tal como flores a se olhar
Amizades para se perceber
Jesus quer que você o receba e aí perceba
Que só de amor na vida pode se viver.

Você pode até pensar ser fantasia
Coração remido e limpo não vicia
Às tristezas e amarguras do viver
Porque a maior riqueza é ter Jesus
Toda esperança viva Ele produz
E em suas mãos estão vida e poder.

Ouça o infinito diz pra crer
Que o amor é o poder pra gente ter
Jesus, quer que você o receba e aí perceba
Que só de amor na vida pode se viver.

Capítulo 10

Gravação do LP *Ágape*

Alceu Damico, produtor executivo do LP *Comunhão*, deixava a fábrica de origem batava e agora assumira, igualmente, o departamento na RGE, cuja sigla significava *Rádio Gravações Elétricas*, comprada pela gravadora *Som Livre*, selo das Organizações Globo, em 1980.

Alceu, sabedor do encerramento do contrato de Álvaro com a *Polygram*, levou-o para lá (está subentendido).

Nessa época, o pai de Álvaro, o pastor Jorge Severiano e sua mãe, Olindina Ramos, comemoravam bodas de prata. O culto religioso em razão do evento tão importante foi realizado na igreja Assembleia de Deus, postada na Rua Arthur Rios, em Campo Grande, mas que não era aquela de nossa infância.

Álvaro chamou Elvira para cantar a canção *Riqueza*, música que, como diziam os antigos *disc jockeys*, ainda estava na "boca do povo".

Findada a cerimônia, a festa estendeu-se até um clube alugado para um coquetel entre os presentes, regado pela apresentação, ao vivo, da Banda Novo Som que estava "estourada" nas rádios com a música *Para sempre* do compositor Lenilton, bem antes mesmo que o grupo assinasse com a *MK Music*.

A turma estava toda reunida, relembrando os tempos de outrora, e pondo o "papo" em dia.

Em dado momento, Álvaro Tito comentou comigo sobre a nova produção fonográfica que desenvolvia por conta da RGE, dizendo inclusive que a editora da *Polygram* aguardava que eu fosse assinar o contrato de cessão da obra *Portais*, composição que criamos em parceria quando ainda nem tínhamos feito as obras *Promessa* e *Brilha* para o vinil *Comunhão*.

Fiquei até surpreso com a inclusão de *Portais* no disco. Por incrível que possa parecer, não cogitei a possibilidade de Álvaro utilizá-la. Eu sequer lembrava-me dela!

Estive na Barra da Tijuca, ou seja, no setor de edições musicais da *Polygram*, assinei o documento e fiquei esperando o LP do amigo ficar pronto.

Lembrando que a editora *Phonogram* (que ainda tinha o codinome *Intersong*), na época do Não há barreiras funcionava na Estrada do Gabinal, em Jacarepaguá e hoje funciona no Condomínio *Le Monde*, na Barra da Tijuca.

Álvaro continuava na tentativa de criar seu próprio negócio com a ideia fixa de, com isso, produzir seus discos sem vínculo algum com as gravadoras, matando a dependência delas, mas no Brasil da música evangélica tal coisa estava complicadíssima de acontecer.

Mesmo assim, o cantor insistia, tanto que montou a loja de discos evangélicos ATO Records (nome também de sua produtora musical), no Centro de Campo Grande, seu reduto residencial de infância, defronte ao extinto Supermercado Paes Mendonça, onde minha irmã Giane trabalhava (a loja de Álvaro e o mercado ficavam na Rua Gianerine), obviamente buscando também explorar comercialmente essa proximidade e ligação com o povo do bairro onde ele era bastante popular.

Elvira ficou incumbida de gerenciar a loja e foi justamente lá que comentamos sobre a "bolacha" que estava saindo do forno, ou seja, o LP *Ágape*.

Comentou até da frase do refrão da canção *Portais* em que Álvaro fazia um "desenho" lindíssimo quando cantava "Já vejo se abrindo os portais da Glória...!".

O então programa Renascer (agora chamado de *Vitória em Cristo*), do pastor Silas Malafaia, exibiu algumas vezes o *clipe* de Portais, podendo ainda hoje ser assistido pelo *site Youtube*. com pela internet.

Álvaro enfrentou diversos desafios na carreira e não temeu encará-los.

Assim como na inovação musical trazida no disco *Não há barreiras* (tido por todos como um marco em sua jornada, isso depois de alguns *bereanos* analisarem detidamente que o cantor não perdera a unção), bem como no vinil *Comunhão* – LP este que na crítica de alguns "discófilos" não sobressaiu tanto na mídia – agora estava posto no mercado fonográfico a nova investida do cantor.

O título, para compor a temática da obra, Álvaro foi buscar inspiração, ao que tudo indica, no Sermão da Montanha, quando Jesus nos ensina realmente a profundidade do amor, o amor ágape, tão bem descrito no evangelho de Mateus.

A capa do vinil retratava um jovialíssimo Álvaro, mais alegre ainda que nas capas anteriores. A indumentária, bastante *fashion*, por sinal, trazia um suspensório por sobre a camisa, à lá Wilson Simonal, na década de 70, cantando *Sá Marina* (Antônio Adolfo/Tibério Gaspar), na antiga TV Record, e um "projeto" de cavanhaque. A gravata, após quatro sessões de fotografias em seus LPs, dessa vez foi abolida. Rolava até uma fumacinha branca no ambiente!

Abaixo o repertório do LP *Ágape*:

1. *Ágape* (Álvaro Tito)
2. *Jesus Cristo é o nome* (Álvaro Tito)
3. *Me ouça* (Álvaro Tito)
4. *Redimido* (Álvaro Tito)
5. *Bartimeu* (Pastor Jorge Severiano)
6. *Quem tem Jesus* (Álvaro Tito)
7. *Conta suas culpas* (Olindina Ramos)
8. *Viver* (Álvaro Tito)
9. *Portais* (Álvaro Tito/Elvis Tavares)
10. *Tenho Cristo comigo* (Álvaro Tito/Manoel S. O. Filho)

Vale a pena relembrar a letra de *Ágape*:

Ágape
(Álvaro Tito/Mercury Ed.)

Não, não consigo olhar teus olhos sem dizer.
Tantas emoções e agora você aqui
Me desculpe, não quis magoar!
É, é que a gente acredita no melhor,
Que ninguém pode viver no mundo, tão só!
O teu existir é não desistir e receber de cima o melhor

Eu quero você sorrindo pra mim,
Pra todos nós, amando mais e mais!!

É o viver bem melhor!
Não deixe razão para demonstrar a dor
O teu negócio é paz!
Eu quero você sorrindo pra mim,
Pra todos nós, amando mais e mais!!
É o viver bem melhor!
Não deixe razão para demonstrar a dor
Lágrimas clamam por amor

Sim, é uma barra suportar o teu estar
Consequências implacáveis do teu andar
O teu existir é não desistir,
E receber de cima o melhor!!

Vale também reviver a letra de *Portais*:

Portais
(Álvaro Tito/Elvis Tavares/Mercury Ed.)

Sabemos que Cristo vem sem demora e com Ele está o galardão para dar a cada um, segundo as suas obras (parte falada).

Vejo nações a guerrearem, sem ter causa justa
Suas intenções de paz são pregadas sem amor
Tudo isso escrito está no Livro Sagrado do Senhor
Sim, tantas coisas ocorreram no passar dos anos
O comportamento, o coração mudou

A palavra eficaz que transforma a guerra em paz não passou
E ela mesma faz menção da eterna redenção
Que aguarda aquele que a Cristo aceitou

Já vejo se abrindo os portais da Glória
Será que um dia de vitória plena
Cristo vem! Sim, Cristo vem
Ninguém pode negar. Virá arrebatar seu povo
É a grande verdade. Cristo vem!

Já vejo se abrindo os portais da Glória
Será enfim notória e eterna a vida
Para todo aquele que cumpriu
Os ditos do Senhor que prometeu e em breve vem
Não sei quanto tempo leva, mas tenho fé
Aleluia! Amém.

Nesse disco, Álvaro Tito fez uso abundante dos floreios e melismas nas canções e dificilmente deixava um espaço vazio sem que fizesse algum desenho na voz para preenchê-lo. O *backing vocal* do álbum *Ágape* teve a participação do próprio Álvaro, além de José Severiano, Jéferson Monteiro, da Aurora, Elvira, da cantora cearense Eyshila, época em que ainda pertencia ao elenco da gravadora paulista, *Som e Louvores* e Cristiane Carvalho, também emprestando sua voz ao projeto, cantora esta nascida em Campos dos Goytacazes, no Rio de Janeiro e que fez sucesso cantando a versão de *Via dolorosa* (dos autores norte-americanos Niles Borop e Willian Sprague), *hit* de Sandi Patty.

Outra prova de habilidade criativa de Álvaro pode ser constatada no arranjo do empolgante *jazz-funk*, *Jesus Cristo é o nome*, no qual existe um momento em que o andamento da música é alterado para dar vez a uma espécie de solo dos vocais, retornando a seguir à sequência original da canção.

Certamente, a maioria dos admiradores de Álvaro jamais imaginaria que o som emitido no meio das vozes e que soa semelhante a um desentupidor de pia, saísse da colocação do dedo na boca, retirando-o pela bochecha – um tipo de *beatbox* – recurso que o músico norte-americano Teddy Pendegrass (falecido em 2010), que para muitos tinha uma verdadeira orquestra na boca, isso em razão das percussões que fazia, utilizava às vezes.

Álvaro fez somente esse trabalho pela RGE. A divulgação do álbum *Ágape* foi bem diminuta e merecia sorte melhor. Música como Me ouça, também segue a temática do amor descrita em 1 Coríntios 13.

Na *funkeada Quem tem Jesus*, de sua autoria, o cantor usa a própria voz para montar o *backing vocal* revezando-se pelo menos em três delas, sobressaindo bastante os reverbes emitidos pela guitarra com *slaps* aleatórios do baixo.

Diz Provérbios de Salomão, capítulo 28, versículo 13, que *o que encobre suas transgressões jamais prosperará; mas o que as confessa e deixa alcançará misericórdia.* É com esta abordagem que o *funk Conta tuas culpas*, de Olindina Ramos, composta em tom menor, começa ao som de metais, conclamando aos que assim estiverem a endireitarem suas veredas.

Geralmente, as canções escritas em tom menor trazem um "quê" de tristeza ou de melancolia em suas harmonias.

O pastor Jorge Severiano musicou a saga do cego Bartimeu (perdão pelos parônimos!), e Álvaro não titubeou em registrá-la no disco *Ágape*.

Abrindo um parêntese: quando a Bíblia o chama de "filho de Timeu" cabe dizer que o prefixo "bar", em aramaico e em grego, significa literalmente "filho", enquanto "timeu" tem sentido de "impuro". Ou seja, na gramática aramaica a palavra *Bartimeu* (filho de um impuro) não expressava propriamente um nome judaico, mas sim a circunstância do nascimento da criança, isso porque dificilmente um judeu batizaria um filho com um nome com esse significado ruim.

Assim como *Bartimeu* tem-se na bíblia o exemplo de *Simão Barjonas*. Simão era um dos nomes de Pedro, discípulo de Jesus – que também era *Cefas*, sendo que tanto Pedro quanto *Cefas* são sinônimos de "pedra". Já *Barjonas* se traduz por "filho de Jonas" e "Jonas", pomba.

Ironicamente, no entanto, o significado de *Barrabás* é "filho do pai" ou "filho do mestre". Na realidade, seu nome verdadeiro seria Jesus Barrabás – aumentando ainda mais essa ironia – porém, em respeito ao verdadeiro Jesus, tal inscrição teria sido suprimida dos textos e separada do nome do marginal.

Fechando o parêntese: o desligamento de Álvaro Tito da gravadora teve gênese no desacerto contratual das cláusulas avençadas haja vista que o pactuado seria a produção de um determinado número de LPs num determinado lapso temporal que não foi observado.

Explicando melhor: o contrato é formalizado e assinado entre as partes (intérprete e gravadora) prevendo, por exemplo, a gravação de 1 (um) disco por ano, porém, nesse interregno, pode ocorrer infelizmente de a obrigação não ser cumprida. Daí, uma vez que o pacto é bilateral e um dos pactuantes "desafina" (o trocadilho é proposital), dá-se ensejo ao rompimento.

Capítulo 11

Gravação do LP *Sentimentos*

Enfim, após passar cerca de três anos pelos corredores de grandes produtoras fonográficas, internacional e nacional – releia-se *Polygram* e *RGE* – eis que Álvaro retorna aos meandros de selos em que, essencialmente, seus diretores e donos eram vinculados a denominações evangélicas.

Tal fato ocorreu simultaneamente à época em que contraiu núpcias com a querida Maria José (como já disse aqui, Zezé, para os mais chegados) e que participou várias vezes dos vocais dele.

Álvaro assinou, então, com o selo *Som e Louvores*, em 1990, sendo que o LP inicial foi chamado de *Sentimentos* (autoral), balada *pop* construída, como já dito, no estúdio Transamérica, no Rio de Janeiro.

Trata-se de uma canção efusiva e de declaração de amor a Jesus, na qual Álvaro passeia pelas notas musicais com seus famosos agudos, melismas e falsetes.

Recentemente – em 2006, para ser exato – o cantor paulista Luciano Claw convidou Álvaro para uma participação em seu disco *Sentimentos*, aquela mesma de Álvaro Tito, disco que rendeu para Luciano duas indicações ao Troféu Talento, da Rede Aleluia FM, do grupo da Igreja Universal.

Como dissera antes, nessa fase da vida do cantor, dois autores até então fixos em seu repertório (quase que uma "cláusula pétrea" nos CDs de Álvaro) estiveram de fora, quais sejam, Elvis Tavares (a minha pessoa) e Manoel S. O. Filho (a pessoa do primo dele).

Dessa forma, foi aberto um leque de opções para o cantor experimentar autores de estilos diferentes, buscando uma renovação em seu perfil.

Foi assim que apareceu nos créditos do disco, pela primeira vez, o nome do compositor Daniel Gomes, cunhado de Álvaro e irmão de Zezé, ratificando seu comportamento com relação a quem lhe é muito chegado. De casa, digamos assim.

Álvaro vem sorrindo na capa, mais uma vez, trajando um *blazer* por sobre uma camiseta branca, de forma bem despojada. A contracapa deve ter deixado muita gente confusa porque trazia o cantor ladeado por duas moças bonitas e praticamente idênticas.

Na verdade, junto a Álvaro estava a Zezé, sua esposa e do lado dela, a Kika, cunhada dele.

S.O.S Ecologia interior é o título da segunda canção e, como o nome, de plano, sugere, de conotação ecológica e com conteúdo voltado para as mazelas sociais que assolam o povo, com relevância para os problemas que afetam as crianças em todo o mundo.

Nunca é demais decifrar que *S.O.S* é um código para situações de emergência, existindo, porém, algumas frases que sugerem seu significado como *Save Our Souls* (Salvem Nossas Almas) ou S*ave Our Ship* (Salvem Nosso Navio).

A realidade é que Daniel teve direito a bis no disco, cedendo ainda a linda canção *Alerta*, na qual faz uma convocação a todos para unirem-se, dando as mãos, vez que o dia da volta de Jesus está cada vez mais próximo.

Muito embora o encarte do LP venha com um "pecado grave" e gráfico, não registrando o nome de Jéferson Monteiro nos créditos, lá estava ele de volta num trabalho de Álvaro, porém agora não nos *backings*, mas sim fazendo um dueto – Jéferson surge cantando como gente grande – na contagiante *Aleluia vou cantar*. Essa música foi composta por Álvaro lá atrás, na fase ainda da adolescência.

Outras obras dessa época juvenil foram inseridas no disco.

Os dois revezaram-se maravilhosamente durante o canto e Jéferson carimbou em definitivo a condição de excelente intérprete que é.

No mesmo ano, saiu o álbum *Poucas palavras* do Grupo Altos Louvores, música solada por Jéferson, além da novidade de cantar a canção em inglês – *To worship you (Para te adorar)*.

Depois de atuar em outros trabalhos do Grupo Altos Louvores, finalmente Jéferson assinou contrato com a gravadora secular *Continental*, ligada ao império *Warner Music*, trazendo ao público o LP Vencer ou vencer (Elvis Tavares).

Bem antes de gravar tanto pelo *Grupo Altos Louvores* quanto pela *Continental*, lembro-me de conhecer Jéferson na casa de Álvaro quando chegava por lá, certo dia, encontrando o planejando um repertório para um possível trabalho musical.

Ainda falando do LP *Sentimentos*, seus pais compareceram na seleção das músicas fornecendo as melodias *Liberdade*, do pastor Jorge Severiano, e *Deus opera*, de Olindina Ramos.

Nesse tempo dos dois trabalhos fabricados com patrocínio do selo *Som e Louvores*, Álvaro tinha um *Fiat Elba* e mais à frente, um *Fiat Oggi*.

Vale a pena lembrar aqui a letra de *Sentimentos*.

Sentimentos

(Álvaro Tito/Efrata Music Ed.)

Sentimentos são expressos em viver
Cada dia fatos lances do existir
Quer sentindo alegria ou imerso em tristezas
Os momentos são temíveis a fugir

É a alma desejando um quesito mais
Ela diz dependo sim do meu Jesus
Seu carinho e Seu abraço sem Jesus não sei o que faço
Sentimentos são expressos, em dizer

Eu te amo, eu te amo, Jesus. Eu Te amo
Eu te amo, eu te amo, Jesus. Eu Te amo

Em 1991, o programa *Renascer* festejava 10 anos de existência com veiculação na televisão brasileira, sendo transmitido, naquela época, somente para o Rio e para São Paulo.

O pastor Silas Malafaia reservou o Ginásio do Ibirapuera, na capital paulista, como um dos palcos para a comemoração do aniversário, convidando alguns cantores como atrações do evento, sendo Álvaro Tito um dos escolhidos para estar ali e levar sua música.

De início, Álvaro tinha projetos para viajar com toda a família, mas sentiu o coração apertado com a ideia, desistindo, finalmente, de levar o filho Júnior.

Ele e a esposa Zezé pegaram um táxi com destino ao Aeroporto do Galeão (desde 1999 com o novo nome de Aeroporto Internacional Maestro Tom Jobim).

Mais uma vez com o coração incomodando-o, resolveu-se por ocupar o banco detrás junto à esposa.

Em determinado momento do percurso o motorista seguia pela Avenida Brasil, utilizando a faixa seletiva – reservada somente para coletivos e táxis – quando, sem que niguém esperasse, um ônibus que trafegava à frente, freiou de maneira brusca, obrigando o motorista do táxi a fazer o mesmo movimento abrupto de frenagem.

Ocorre é que um caminhão que vinha logo atrás perdeu os freios e chocou-se, fortemente, com o carro onde estava o casal.

Zezé desmaiou com o choque dos veículos e Álvaro teve algumas luxações, sendo necessário fazer-se a imobilização do braço esquerdo. Há pouco tempo ainda circulava pela página eletrônica *Youtube.com* o vídeo da programação no Ginásio do Ibirapuera mostrando Álvaro Tito cantando *Não há barreiras* com o punho esquerdo enfaixado.

Indiscutivelmente, a Mão de Deus livrou a ambos (e os motoristas), concedendo um livramento maravilhoso, operando um milagre, conforme as previsões bíblicas do Salmo de Davi, capítulo 34, versículo 7, que diz "que o anjo do Senhor acampa-se ao redor dos que o temem e os livra".

Segundo a nótula homilética lançada pelo pastor e escritor *Russel Shedd*, na Bíblia que leva seu nome, no comentário do versículo supradito, no qual a proteção do Deus invisível é plenamente vísível, reputo como interessante o seguinte trecho:

Uma demonstração da profunda relação que há entre os atos dos homens e os de Deus. Se o buscarmos, Ele nos livrará; se olharmos para Ele, Ele nos iluminará; se clamarmos, Ele nos salvará; se O temermos, Ele nos cercará de cuidados. A bênção é condicional: Deus quer nos abençoar, mas isto só é possível se nos inclinarmos a Ele.

Capítulo 12

Gravação do LP *Cenas*

Chegamos, então, ao ano seguinte, 1991, quando a produção foi fechada ainda com o estúdio Transamérica. Dele, indubitavelmente, o grande sucesso foi a balada *pop Cenas*, composição de Daniel Gomes, cunhado do cantor.

A letra retrata fielmente o conflito existencial por qual passam muitas pessoas que não têm Cristo como seu norte. Suas vidas são desmotivadas e findam muitas vezes por desembocarem em profundas depressões. Por isso, é certo afirmar que "Jesus Cristo é a força de que você precisa!".

O disco é aberto com o *funk Só Jesus*, de autoria de Álvaro, que movimenta o disco com seu balanço e com a participação empolgante dos *backings vocals*.

Destaque também para a metaleira presente em *Só Jesus*, inclusive com seus admiráveis *crescendos*. Não dá vontade de parar de ouvir a canção, e Álvaro ainda se torna mais "absurdo" e "abusado" quando comete uma tripla modulação (sobe de tom três vezes).

De novo o efeito de a primeira faixa ser a principal do LP não se evidenciou. Basta constatar que a música *Cenas* é a sexta obra do repertório e foi justamente ela que levou o vinil à frente.

A seguir, temos a "carta-musical" que é a "indefinível" balada *Me lembro de você*, composta por meu amigo Álvaro Tito em razão do "exílio distancial" em que nos encontrávamos.

"Indefinível" porque até hoje procuro as palavras certas para qualificar essa música, mas não as identifico no melhor dos dicionários.

Imagine alguém fazendo uma homenagem a você por meio de uma música e ainda pondo a dedicatória nos créditos citando seu nome?

Faz-me lembrar agora de *Canção da América*, de Milton Nascimento e Fernando Brant, bastante executada por ocasião do luto nacional pela morte do piloto Ayrton Senna, em 1994, bem como do cantor Roberto Carlos, homenageando o antigo companheiro Erasmo Carlos, chegando ambos às lágrimas, depois de se abraçarem diante das câmeras de TV, após Roberto cantar a música *Amigo.*

O pastor Paulo Cezar, líder do Grupo Logos, prestou homenagem ao amigo Jayro Trench Gonçalves, o Jayrinho (seu companheiro no Grupo Elo), morto num acidente automobilístico, escrevendo a canção *In memorian.*

Na sequência do vinil Cenas, temos a marcha *Cidade de luz*, de sua mãe Olindina Ramos, com os metais vibrando e "fazendo a festa". A canção fala das benesses celestiais que fazem parte das moradas que Jesus prometeu preparar-nos, conforme João 14:2.

As baladas *blues Reconhecimento* e *Livra minh'alma* são egressas da fase pré-adolêscencia do cantor, época em que o conheci e testemunhei a quantidade de fitas cassetes com diversas músicas inéditas gravadas nelas.

Era um acervo futurista!

Assisti, inclusive naquelas épocas, Álvaro cantando *Reconhecimento* na Assembleia de Deus de Campo Grande, tocando ele mesmo uma guitarra no acompanhamento da canção.

Somos vem como sétima opção do disco final pelo selo *Som e Louvores.*

No acompanhamento musical, Álvaro se junta à percussão e introduz pela primeira vez seu "*beatbox*" (o outro foi na obra *Jesus Cristo é nome*, do LP Ágape), imitando o som de uma espécie de desentupidor de pia, mas provocado pela colocação do dedo na boca, retirando-o rapidamente pela bochecha e reproduzindo as onomatopeias *poc, poc, poc.*

Estendeu-me sua mão nasceu no início dos anos 80 e narra a história de alguém que rejeita o amor de Deus e não atende ao chamado de Jesus exposto em Apocalipse, capítulo 3, versículo 20, só o fazendo quando a vida está por um triz e tendo essa chance por pura misericórdia (vide exemplo do ladrão na cruz).

Na realidade, a história da canção remete aos casos de apostasia relatados na Bíblia Sagrada referentes à Jerusalém e.g., e que pode atingir a qualquer um que lança a mão no arado e olha para trás, conforme menciona o Grupo Logos num de seus ótimos discos.

Passamos a *Cristo venceu a morte*, também de autoria de Álvaro e que está na safra das obras dos anos 80. Letra que abrange a *via crucis* e o consequente sacrifício salvífico de Jesus em prol da humanidade, tudo por conta do amor de Deus, incrustado nas palavras de João, capítulo 3, versículo 16. É o *funk* em que o refrão traz uma rima tríplice: "Cristo venceu a morte, foi com seu braço forte, que mudou minha sorte e o meu viver".

O pastor Jorge Severiano contribuiu com a obra *Não me sinto preso*, cuja letra relata o total desapego do cristão às coisas que o mundo de prazeres efêmeros oferece. O vocal dessa música rico em travalínguas, como é do feitio de Álvaro, em determinado instante, leva-nos a recordar a loja de tecidos *Kalil M. Gebara* (principalmente o nome *Gebara*). O pessoal do Rio de Janeiro deve ter lembrança dos comerciais da loja (ou reclames, como é falado em São Paulo).

Enfim, os dois trabalhos de Álvaro Tito, pelo selo *Som e Louvores*, sob um olhar mais crítico, não primaram por uma produção das melhores, como o foram outras do cantor, isso muito em razão da sonoridade deficitária do estúdio, pondo nessa balança definitivamente a questão pecuniária.

Até mesmo a mixagem dos dois discos não ficou a contento. Isso fica patente, por exemplo, em Me lembro de você principalmente na bateria no som do chimbal.

A idealização da capa foi interessantíssima demonstrando um momento de criação de Álvaro, escrevendo nas partituras, durante os arranjos musicais.

Até o *insight* dos rascunhos jogados de lado deram um toque a mais. A vontade e a gana em passar os possíveis erros praticados na inscrição das notas musicais nos pentagramas foi tamanha que até partitura em branco foi amassada e jogada ao chão. Mas tem que ter "olhos de lince" para perceber-se a "falha"!

Ainda em 1991, Alceu Damico Alves, com quem Álvaro já havia trabalhado na *Polygram*, aparece como produtor musical da multinacional *Warner Music*.

Certamente, antevendo a possibilidade de conseguir que Álvaro elencasse o *casting* daquela *major* (apelido das grandes gravadoras), Alceu viabilizou – ou projetou essa viabilização ao executivos da gravadora – solicitando à antiga companhia holandesa a cessão de fonogramas do cantor insertos nos discos *Não há barreiras* e *Comunhão*, estes de 1986 e 1988, respectivamente.

Foi assim que, ainda nos anos 80, a *Warner Music* trouxe ao mercado fonográfico evangélico a série *Grandes momentos*. A coletânea trazia não só o Grupo Rebanhão numa juntada de *hits* dos discos *Semeador* e *Novo dia*, como também Ozeias de Paula, em 1988, e Marina de Oliveira, em 1991, muito embora a cantora fundadora da *MK Music* não pertencesse anteriormente a qualquer gravadora estrangeira.

Uma vez que os caminhos mostravam-se abertos para as produções evangélicas, a Banda GERD – sigla de Grupo Encontro Real com Deus, da qual o próprio Alceu Damico participava – foi uma das contratadas para o elenco da *Warner/Continental*, gravando em 1992 para exemplificar o LP *Ser feliz*, com destaque para o bolero amodernado *In memoriam* que foi bastante executada nas rádios, música esta que recordava os tempos cruéis em que os cristãos eram jogados pelos romanos, ainda vivos, na arena, para "enfrentar" leões ferozes. Ressaltando que a cantora paranaense Mara Lima foi a pioneira na gravação de *In memoriam*.

Ainda em 1992, o cantor Jéferson Monteiro, recém-saído do Grupo *Altos Louvores*, assim como a Banda GERD (ou GerD, como está em alguns discos) e, a convite de Alceu Damico, integrou-se à companhia *Warner/Continental* para gravar o vinil *Vencer ou vencer*.

Uma curiosidade: Jéferson Monteiro era contratado da gravadora como representante de vendas. Uma espécie de distribuidor *freelancer* dos produtos da gravadora, "espalhando" seus lançamentos fonográficos pelas lojas do ramo.

Repito aqui: naqueles anos era impraticável a colocação de material evangélico, por motivos culturais, em magazines de conveniência ou supermercados, como facilmente vemos nos dias hodiernos.

A cantora Shirley Carvalhaes, campeoníssima de vendagem por onde passa, assinou contrato com a *Warner Music* em 1995, quando foi lançado o álbum *Quero te adorar* incluindo nele a regravação do bolero *Bate coração*, no qual Jair Pires (falecido em 2008) trava uma conversa com seu órgão cardíaco, estimulando-o a continuar bombeando sangue para o resto do corpo, haja vista as muitas orações em seu favor decorrentes de enfermidade que sofria, sendo até visitado por Shirley Carvalhaes no hospital.

Capítulo 13

Gravação do LP *Você comigo*

O pastor Silas Malafaia e o pastor Josué Gomes, também cunhado de Álvaro (outro irmão de Zezé), resolveu investir na música evangélica nos anos 90 (estaria ali um embrião da Editora Central Gospel?), montando o selo *J.S. Produções* ("J" de Josué e "S" de Silas, é o que se depreende), escalando Álvaro Tito como intérprete principal da empreitada.

Foi mais ou menos por aí que Álvaro "morou" por uns dias num *apart-hotel*, em Ipanema, na Zona Sul do Rio de Janeiro.

Como isso aconteceu?

Vamos lá: houve um *showmício*, no Estado do Maranhão, realizado numa dessas campanhas políticas e a lei ainda não coibia a promoção de tais eventos, tampouco o pagamento a artistas participantes.

Todos os cantores convidados receberam generosos cachês, o que fez Álvaro, de volta ao Rio, alugar um flat na Rua Prudente de Morais. Ele queria impulsionar sua produtora *ATO Records* (ATO, significando obviamente Álvaro Tito de Oliveira) e escolhera ali para planejamento das bases do empreendimento. Zezé, no entanto, não se agradou muito da decisão do marido e não cedeu ao seu chamado para se instalar ali e "usufruir" daquelas benesses.

Os casais que têm seus relacionamentos incomodados com a atitude de um dos cônjuges – fatos que atingem até um casal cristão dada à humanidade que nos é comum – precisam ter sempre em mente que o diálogo é a melhor solução.

Jaime Kemp, norte-americano, fundador do ministério *Vencedores por Cristo*, e sua esposa, Judith Kemp, escreveram a duas mãos o livro *Devocional para casais – reflexões para uma vida a dois*, do qual retiro o seguinte trecho:

> Muitas vezes em um relacionamento conjugal, erguem-se muros que separam o casal e não permitem que ambos desfrutem uma relação tranquila e amorosa. Isso acontece porque um dos cônjuges, por algum motivo, se sentiu ferido ou ameaçado.

Álvaro convidou-me para jantar com ele num daqueles dias e confidenciou-me a negativa da esposa em passar uns dias ali.

Admirar a bela paisagem da janela de frente para o mar realmente no perímetro mais caro da Zona Sul do Rio de Janeiro era privilégio (e ainda o é!) para poucos mortais.

Acredito que depois de vivenciar que *I have a dream* era um discurso de autoria de um negro "um pouquinho mais famoso" que ele e que os sonhos materiais geralmente são realizados depois do planejamento em família, a carroça voltou a ser abóbora bem antes de o relógio marcar meia-noite.

O Dr. Charles R. Swindol, autor de mais de 40 livros, comentando a vulnerabilidade de Davi em sua obra *Davi – um homem segundo o coração de Deus*, traz importantes anotações sobre relacionamentos em família.

> Uma família em dificuldades é uma ocorrência comum, mas jamais um quadro bonito para se apreciar. Dois são os problemas

que a família pode experimentar: dificuldades exteriores e dificuldades interiores. Embora ambas possam arruinar a família, as mais difíceis são as dificuldades internas (...). Graça significa que Deus, ao perdoar você, não o matará. Graça significa que Deus, ao perdoar você, lhe dará forças para suportar as consequências. A graça nos liberta para podermos obedecer ao Senhor. Isso não significa que as consequências do pecado são automaticamente removidas. Se eu pecar e enquanto estiver pecando quebrar o braço, quando receber o perdão por ter pecado, continuo tendo de tratar de um osso quebrado. (...) O mesmo acontece na vida emocional. Quando um pai age voluntária e irresponsavelmente contra a Palavra escrita de Deus, não só o pai sofre, mas também a sua família. Isso significa transtornos internos que afetam seriamente outros membros da família.

Hoje os *showmícios*, a teor do artigo 39, parágrafo 7º, da Lei Federal no 11.300, de 10 de maio de 2006, são terminantemente proibidos. Eis o texto legal:

Art. 39...

§ 7º É proibida a realização de showmício e de evento assemelhado para promoção de candidatos, bem como a apresentação, remunerada ou não, de artistas com a finalidade de animar comício e reunião eleitoral.

Nessa fase da vida de casado, Álvaro já tinha seu primogênito. Álvaro Tito de Oliveira Júnior nascera, um ano antes, em 4 de julho de 1991, ficando em "pé de igualdade" com o nome do filme que o ator Tom Cruise interpretou e cujo personagem chamava-se *Ron Kovic.*

Dando segmento à carreira e inaugurando um estilo mais romântico, levado mui provavelmente pelo casamento ainda recente, aliado ao nascimento do filho, Álvaro abre o LP com *Você comigo*, balada *pop* de sua autoria, uma efusiva canção dedicada à pessoa amada.

Ratificando as palavras do livro de Gênesis, capítulo 2, versículo 18, na citação que diz que "não é bom que o homem viva só", bem como o expresso em Provérbios de Salomão, capítulo 18, versículo 22, mencionando que "quem encontra uma esposa acha uma coisa boa", diria que tais elementos provocam inspirações na vida do homem levando-o a feitos interessantíssimos.

Fato é que *Você comigo* é uma bela canção de amor e que emociona a qualquer casal enamorado. Até dá para captar-se um *baby* sutilíssimo cantado por Álvaro! Essa expressão *baby* aparece bastante nas baladas românticas dando o sentido de "meu bem" ou "meu amor".

A canção *Você comigo*, depois do solo, volta ao começo (*Da capo*) para "ralentar" suavemente no final.

Lembro-me de rever Álvaro em 10 de abril de 1993, durante a cerimônia de casamento da Nilza, sua prima, irmã de José Severiano e do Nenel, realizado na Assembleia de Deus de Campo Grande (igreja comum a todos nós). A música cantada foi justamente *Você comigo.* Afinal, tinha tudo a ver com o evento.

Outra a entrar no disco foi *Mais que perfeito* que vem a ser a primeira música romântica que compus em parceria com o querido e saudoso amigo Ed Wilson (falecido em outubro de 2010).

Edinho (como os mais próximos o chamavam) merece um capítulo à parte nesta história.

Sempre admirei a qualidade e o modo com que Ed Wilson compunha. Suas músicas são ricas de harmonias lindas e falam ao coração de muita gente.

Desde o seu disco *gospel Chuva de bênçãos*, donde pudemos tirar as belíssimas obras *Bom dia, amigo* e *Mais do que um sonho*

– para enumerar apenas duas – nutri a vontade de um dia compor alguma coisa com ele. Mas como poderia acessar alguém tão icônico como Ed Wilson?

Para resumir esse encontro, transcrevo aqui o artigo que postei no site *efratamusic.com.br*, logo após o seu falecimento.

O viver é Cristo e o morrer é ganho

Publicado em: 05 de outubro de 2010

Tive alguns parceiros quando compunha minhas músicas. O primeiro deles foi o Álvaro Tito, na nossa época ainda de *teenager*, e uma dessas músicas foi parar no disco *Ágape*, lançado pela gravadora secular RGE, do grupo da Som Livre. Outra dessas entrou num LP da Warner Music, batizada de *Precisar mais que merecer*, composta por mim e meu irmão Marcelo Tavares, tendo como base uma belíssima pregação do saudoso pastor Nilson Fanini.

Fato é que no começo dos anos 80 testemunhei o momento em que o cantor Ed Wilson apresentava-se felicíssimo (era um mundo novo para ele) na Cidade Batista, em Campo Grande, na Zona Oeste do Rio de Janeiro, num evento tradicional que a cada ano ocorria ali (não sei se ainda acontece), onde vários cantores evangélicos eram atrações.

A música que o Ed cantava era *Mais do que um sonho*, integrante do repertório do primeiro disco *gospel* dele, *Chuva de bênçãos*, que originariamente fora forjado em LP e por providência divina o achei sendo vendido, já convertido em CD, num *shopping* desses da vida a preço de banana (eles não sabem o que é bom)!

Mais para frente, corria a década dos 90 e o Ed Wilson era contratado da gravadora Line Records, como produtor e cantor. Quando o Ed cantava, eu me certificava do que era o sentido real de "dom de Deus".

Aquilo mexia comigo de tal forma que brotou no meu coração o desejo de tentar juntar-me a ele para mesclar nossos estilos e inaugurar uma parceria na música evangélica. Afinal, mais um parceiro não seria problema, pois sua coleção já era diversa.

Mas era mesmo muita presunção a minha! Ele era o Ed Wilson. Integrou o movimento-histórico-musical-brasileiro da Jovem Guarda. Tinha canções lindíssimas que o povo na rua não parava de cantar, como *Chuva de prata* e *Aguenta coração.*

Realmente, era muita presunção minha!

Mesmo assim, "tomei" uma dose (excessiva) de coragem e disquei os números do telefone do apartamento dele, aguardando alguém dizer "alô", num misto de ansiedade, nervosismo e outras alterações que meu metabolismo poderia externar naquele momento.

Para encurtar: o Ed atendeu ao telefone, mostrando ser uma pessoa dulcíssima, e quando engoli a seco e joguei no ar minha proposta de criação de coautoria musical, ele prontamente aceitou, deixando-me meio que paralisado e eufórico (se é que essas misturas comportamentais podem atuar *pari passu*).

Quando íamos compor, Edinho (seus amigos o chamavam assim) preparava as canções, gravava-as num cassete, solfejando as melodias num inglês descompromissado com a língua-mãe-saxônica, ou valia-se de um *tchururuwith* para que eu pudesse ser guiado. E assim começamos nossa relação música (ele) e letra (eu).

Recordo-me que a estreia foi *Caminho de viver*, linda na voz do Marco Aurélio (pena que a gravadora não trabalhou a música, deixando-a como 11ª faixa do CD). Álvaro Tito gravou *Mais que perfeito*; Lea Mendonça, *Fogo santo*; Wanderley Cardoso, *Coração de carne*; *Novo Som*, *O jovem rico*; Victorino Silva, *Os portais* e *Grito de socorro*, só para lembrar algumas.

Acompanhei o Edinho tendo dois problemas cardíacos. O primeiro anos atrás, e o mais recente, forçando-o ao safenamento. Mas meu parceiro mostrava-se disposto. Morava no Leblon e sempre dava suas caminhadinhas pela orla para manter-se dentro de uma diagnosticação médica e por ser algo salutar a qualquer pessoa. Tanto é que lá pelo meio do ano estivemos numa programação de uma TV local de Teresópolis, na região serrana do Rio. Presentes, eu, o Edinho e o amigo Marcos Góes que apresentava o programa (que era gravado). Edinho soltou a voz em várias de suas obras-primas, como *No fundo do poço*, *Te amo tanto*, *Mais do que um sonho*, etc. Cheguei a brincar perguntando se os médicos não teriam posto um amplificador nele, dada a potência de seus agudos.

Fazendo um *flashback* ao tempo em que lançou o disco *Te amo tanto*, que saiu com a tiragem de 30 mil cópias, recebi uma ligação do Edinho (naquela época eu morava na Piedade, onde ele nascera). Senti-o meio decepcionado com a repercussão do disco, e como conhecia o repertório, entendi que a sinceridade seria a melhor forma de fazê-lo compreender o encalhe daquele trabalho.

Disse-lhe num português claríssimo que o disco, apesar de bonito, tinha uma linguagem que não se identificava plenamente com a que o povo cristão estava acostumado a lidar e ouvir, e que seria necessária uma abordagem mais bíblica, digamos assim, para que passassem a aceitar seus discos em outras denominações mais tradicionais.

Depois dessa conversa, Edinho foi radical. O disco seguinte, intitulado *Minha estrada*, só continha canções de sua autoria, e bastava conferir no encarte do disco a mudança literal com que o cantor inspirou-se para preparar suas músicas, sendo sem dúvida a obra *No fundo do poço* (sem forçar o trocadilho) de uma profundidade tamanha. Uma verdadeira oração! Creio que ela surgiu num daqueles momentos em que relembramos o Salmo 40 ou recorremos ao 121 em nossas vidas.

Ed Wilson e aesposa estavam amembrados à Assembleia de Deus em São Cristóvão, no Rio de Janeiro. O último disco dele foi o *Fé e vitória*, pela *Top Gospel.*

Meu querido parceiro estava internado no CTI do Hospital São Lucas, em Copacabana, e no dia 4 passado, domingo, Deus chamou para si Edson Vieira de Barros (nome em seu registro de nascimento), o Ed Wilson (conhecido por seu talento musical) e o Edinho (da família e dos amigos).

Conhecia-o há cerca de 17 anos e nunca soube de alguém que não gostasse dele.

Há uma luz, há uma luz,
Na noite escura, no fim do túnel,
Há uma luz!
(Ed Wilson)

Que Espírito do Senhor possa consolar a família do meu querido parceiro.

Enfim, voltando à canção *Mais que perfeito*, Álvaro foi felicíssimo na sua escolha, isso porque a música encaixou muito bem com sua voz, nessa nova *performance*, ou seja, no seu lado romântico.

A empolgação agigantou-se tanto que até ocorreu um pequeno descuido na pronúncia do dígrafo "sc" na palavra "nasceram", isso porque a gramática somente permite pronunciar-se, nesse caso, o som do "s". Mas, esse pequeno deslize linguístico não comprometeu o disco como um todo.

Lamentável apenas a mixagem que deixou um pouquinho a desejar.

O músico Mito, integrante da Banda Novo Som, faz um solo sensacional de teclados, aumentando ainda mais o clima amoroso que cerca a canção. Mito é peça fundamental em várias produções de Álvaro.

A propósito: Edmilson Mota, o Mito, é filho de Nelson Monteiro da Mota, autor da balada *Segura na mão de Deus*, surgida em 1973, e que se tornou uma das obras mais gravadas e conhecidas em todo o Brasil. Vários cantores regravaram essa canção, inclusive, intérpretes seculares. Realmente, ela ultrapassou os arraiais.

Hoje temos o caso de *Faz um milagre em mim*, megassucesso do cantor Régis Danese e que "se alastrou" por todo o Brasil, sendo executada em rádios e eventos dos mais diversos credos.

Recentemente, o cantor *teen* Luan Santana, intérprete da linha sertanejo universitário, regravou a balada *pop* *Conquistando o impossível* (Beno César/Solange de César), gravada, originariamente, pela cantora Jamily.

Mais que perfeito

(Ed Wilson/Elvis Tavares/Efrata Music Ed.)

Há em mim bastante de você
Me esforço pra entender

Porque sem você não sou ninguém
Somos dois que sempre somos um
Recordo um a um
Os dias que passei
Vivendo sem me encontrar
Num Amor igual ao seu
Simplesmente eu não sei
Levar a vida
Sem amar você
O Autor do Amor só pode ser
De corpo, Alma e Ser
Quem torça e ame nós dois

Eu vivo, eu amo
Chamar você de meu Amor
Esse sol brilhante
Que nunca vai se pôr
Parece que passa
Da dimensão da perfeição
A vida entende meu coração

Dentro de mim
Meu coração é seu
E a conta já perdeu
Das formas que buscou
Pra te enfeitar
Mas percebeu

Você é como a flor
Beleza, aroma e cor
Nasceram quando então
Você nasceu...

Lembro-me bem que a gravação do vinil *Você comigo* foi realizada no estúdio da Comunidade S8, dirigido pelo amigo Ernani Maldonado e que ficava no bairro Marambaia, lá para os lados de São Gonçalo, do outro lado da poça d'água, forma como os cariocas costumam fazer referência aos municípios que são acessados por barca pela Baía de Guanabara ou veículos, na travessia da Ponte Rio-Niterói.

A canção que fiz chamada *Voz do coração* também integrou aquele repertório. Álvaro, inclusive, convidou-me para assistir à colocação de voz.

Cheguei lá tarde porque morava na rua da Universidade Gama Filho, na Piedade (onde Ed Wilson nasceu), e fui de ônibus. Mas deu tempo de testemunhar – para minha felicidade – a parte em que ele cantava as duas músicas.

O camarada Mito, da Banda Novo Som, tecladista no disco, estava no estúdio naquela noite.

Outra história maravilhosa desse álbum refere-se à música *Jesus vai te curar*, cujo estilo, partindo da introdução, mostra ter bebido na fonte de *He ain't heavy, he's my brother*, famosa com *Bill Medley*.

Jesus vai te curar foi composta por Álvaro como certeza da Operação Divina no sentido de curar Zezé, sua esposa, que estava acometida por uma enfermidade.

A música desenvolve-se até se aproximar do final quando a maioria dos instrumentos para, dando vez a um ativo coral *gospel*, com o reforço de palmas, até o encerramento com variados melismas vibrantes do cantor, lembrando com riqueza os cultos com *gospel music* em igrejas norte-americanas, visto nos filmes de *Holywood* (embora saibamos que o que vemos nas películas não seja ficção!).

Vale lembrar a letra de *Jesus vai te curar*.

Jesus vai te curar
(Álvaro Tito/Efrata Music Ed.)

Jesus vai te curar, pessoalmente
Ele está aqui
Jesus vai te curar, sinceramente
Comece a sentir

Jesus vai te curar, está escrito
Assim mesmo será
Jesus vai te curar
Creia somente
Isto acontecerá

Jesus vai te curar
Erga tuas mãos
O teu pranto
Jesus vai enxugar
Erga tua voz
E o adore mais

O pastor Jorge Severiano compôs a valsa *As Santas Escrituras* e que, mais uma vez, cedia uma obra com forte teor teológico, fruto de seu conhecimento ministerial.

Já Olindina Ramos cedeu a pentecostal *Esse Jesus* que reafirmou a temática assembleiana presente nos discos de Álvaro, de onde é originário, muito embora seja querido no seio das demais denominações evangélicas espalhadas pelo Brasil afora.

A terceira faixa é *Campeão*, aquela música bem balançada de Álvaro, com levada *jazz-funk*, viajando nas águas de B*lack and blues*, na voz de Al Jarreau, foi composta com base nos ditos de Filipenses, capítulo 4, versículo 13, trazendo de novo a ousadia criativa do cantor quando resolveu pôr uma fala robotizada, dizendo: "Nada me abala! Vivo por amor...!".

Saber viver, também dele, é uma lindíssima canção que aconselha aos que tiveram o encontro com Jesus, a não desistir da jornada, olhando sempre para o alvo, que é Cristo, nem se importar com as coisas que para trás ficam (Filipenses 3: 13 e 14).

Como diz a letra, "só não vale a pena se lembrar do mal...!".

A interpretação de *Saber viver*, realmente, é "música para nossos ouvidos" – sem trocadilho! – inclusive, no detalhe existente no trecho em que Álvaro canta, puxando pelo tom grave: "Não cabe agora culpas... (sic)".

Confirmando minha predileção pelo contrabaixo, nessa música o *fretless* aparece dando um *plus* na canção. Sem deixar de fora, no entanto, a *performance* do baterista no chimbal e no prato ride. Repete-se, porém, o passar de largo dos dígrafos.

Minha vida quero dar trata-se de outra canção do autor e cantor que é somada ao time das boas obras musicais do LP.

Daniel Gomes compôs para o cunhado-cantor uma melodia que fala, em seu forte refrão, da glória de Deus invadindo o lugar onde Ele (o Senhor) é adorado. Alguns costumam nominar tal fenômeno de *shekinah*, havendo, no entanto, algumas divergências sobre o significado literal do termo. A melodia chama-se *Reencontro*.

A capa do LP veio em *P&B* e traz Álvaro com uma roupa despojada, refletindo também na indumentária, o romantismo impregnado na música-título.

Na época de lançamento do disco *Você comigo*, existia uma loja evangélica no centro do Rio de Janeiro que era uma franquia da Casa Publicadora das Assembleias de Deus, a próspera CPAD.

Além de vender produtos religiosos, os proprietários tinham um selo *gospel* de nome *Grapevine*, sendo ali onde a cantora Aline Barros foi catapultada para a mídia com um dos primeiros CDs evangélicos postos no mercado (os CDs chegaram ao Brasil nos anos 90). O CD chamou-se *Sem limites*, música de autoria de Marquinhos Gomes.

Márcio Santos é um amigo locutor de rádio e que naquele tempo era contratado na rádio *El Shaday FM*, ligada à gravadora *MK Music*, apresentando um programa diário. Nas horas vagas fazia um "bico" na *franchising* da CPAD, anunciando as promoções da loja. Mais adiante, haverá outra citação interessante aqui no livro sobre ele.

Em seu programa, havia o quadro "As dez mais", sendo geralmente preenchido por músicas de cantores da gravadora *MK Music*, isso dada à audiência considerável da rádio.

Lembro-me de que, quando terminava de tocar uma música que gostasse muito, o Márcio sempre dizia: "Demais, essa!"

No entanto, a música *Voz do coração*, contida num LP que era vinculado a uma produtora *indie*, a *J.S. Produções* (selo fonográfico do pastor Silas Malafaia, à época), portanto, uma alienígena na programação pontuou naquela dezena de obras como uma das mais tocadas por algumas semanas.

Voz do coração foi editada na *Universal Music* (antiga *Polygram*).

Quando assinei o contrato de edição com eles, ainda na Érico Veríssimo, na Barra, o editor Marcos Jucá (hoje presidente da União Brasileira de Editores de Música – a UBEM) estava deslumbrado com a vendagem expressiva do Grupo Prisma que contava com mais de 100 mil cópias. Cifra muito elevada para a música evangélica de então. O Prisma fazia muito sucesso naquela ocasião com a música *Um milagre, Senhor (I'm a miracle, Lord)*, de Dan Burgess.

Voz do coração (Quando a voz do coração)
(Elvis Tavares/Mercury Ed.)

Quando a voz do coração reclama
E clama por sentir
Um alento novo, algo de viver
Quando a voz do coração aflita
Grita em alta voz:
"Pós-viver não valerá mais resolver"
E não adianta mais dissimular
E fingir-se nem ouvir
Bate o coração em ritmo veloz
Ouça a voz da sua voz

Voz do coração
Que enche os pulmões
Da vitalidade de emoções
Erguendo a quem descia mais e mais
Voz do coração
Que reage e age assim
Vivendo um começo sem ter fim
Sentindo, realmente, o que é ter paz

Quando o coração exige vida
Há que se entender
Nessa praia de sofrer muitos estão
Mergulhados quase que afogados
Mas o coração solta a voz que não se pode abafar
E nem adianta mais dissimular
E fingir-se nem ouvir
Bate o coração em ritmo veloz
Ouça a voz da sua voz

Ouça a voz do coração
E tudo o que ela tem pra te dizer
Sinta pela voz do coração
O quanto tua vida quer viver

Encontrei com Álvaro e Zezé em Niterói, naquele ano de vida do álbum *Você comigo*, e fomos almoçar. Embarquei no *Escort* vermelho que ele tinha na ocasião para irmos ao Plaza Shopping de Niterói.

Lembro-me também de que participamos de uma partida de futebol no Estádio Ítalo Del Cima, pertencente ao time do Campo Grande Atlético Clube, no Rio. O jogo foi organizado pela Rede Aleluia FM e seria disputada entre os locutores da emissora contra a equipe a ser formada por cantores e compositores.

Estava em companhia do meu parceiro musical, Michel, autor de *Descobridor dos sete mares*, sucesso de Tim Maia, na porta do estádio, quando encontramos Álvaro e Zezé.

Michel (que não participou da partida) também compôs *Joia rara*, música bem-sucedida na voz da cantora Melissa.

No time dos cantores e compositores estava Álvaro Tito, eu, Marquinhos Gomes, Robby, Carlos Vicente, sendo completado ainda pelo meu amigo Márcio Garçone (locutor da rádio *El Shaday* FM naquela ocasião).

Perdemos de goleada e ainda sofri um pênalti escandaloso que o juiz, "suspeitíssimo" (veio junto com o time da Rede Aleluia), deixou de marcar.

Mas valeu pelo entretenimento.

Depois do jogo, peguei uma carona com o Carlos Vicente para a Piedade, mas antes paramos na churrascaria *Marlene*, na Vila Valqueire, para saborear uma suculenta picanha, paga por ele (quem convida...!).

O Carlos Vicente tinha a canção *Todo poder*, produção *indie* dele, tocando direto na Rede Aleluia FM.

Vale a pena lembrar a letra de *Você comigo*.

Você comigo

(Álvaro Tito/Efrata Music Ed.)

Você mudou meu sentimento
E acredito foi muito melhor
O meu olhar no teu olhar
Foi a receita não estava só

Eu e você, você comigo
Por toda parte não pude esquecer
Me dediquei e agora eu vivo contigo
Lindos momentos vamos ter

O Amor chegou
E ficou no coração
Eu não pude resistir
Te pertenço desde então
O Amor chegou
E ficou no coraçao

Capítulo 14

Gravação do LP *Deus está aqui*

Nos anos 90 houve uma febre de aparecimento de selos evangélicos dos quais destacamos aqui, a *Som e Louvores* e a *Nancel Produções*.

O primeiro tinha sede em São Paulo, enquanto o segundo ficava no bairro da Pavuna, no Rio de Janeiro.

Seus proprietários investiram pesado no *gospel* contratando os maiores expoentes da música evangélica de então. Pela *Nancel* passaram Marcos Góes, Shirley Carvalhaes, J. Neto, Mattos Nascimento, Rose Nascimento e outros medalhões.

Completando esse naipe, lá se foi Álvaro Tito, em 1993, completar o *casting* da Nancel, entrando, como parte do cachê, um automóvel *Fiat Uno* (era assim com todos os cantores que assinavam com a gravadora).

O disco da vez foi *Deus está aqui*, gravado de outubro a novembro de 1993, produzido por Álvaro no Mega Estúdio, na Rua Toneleros, em Copacabana, no Rio, estúdio esse que era dirigido por Pedro Braconot, ex-componente do Grupo Rebanhão.

Já houve menção, neste livro, ao grupo norte-americano Commodors que, entre tantos sucessos, tiveram a canção *Jesus is love*, conhecida mundialmente, tanto o foi que o Rebanhão utilizou-se dela versionada literalmente para *Jesus é amor*, cantada por Carlinhos Félix, no álbum *Novo dia*, pela *Polygram*.

Dessa forma, a influência de *Easy* (composta por *Lionel Richie*) pode ser percebida em *Vontade de viver*, de Manoel S. O. Filho, o Nenel – não confundir com o compositor popular, Nenéo – e Álvaro Tito jamais deixaria essa música passar *in albis*, sem colocá-la num disco de sua carreira, fosse quando fosse.

Partimos do princípio – nós, músicos – que música não envelhece!

Inclusive, é bom que se lembre que *Vontade de viver* foi cantada por ele lá na década de 80, naquele cinema do município de Queimados, no Rio, como contado logo no início desta biografia, quando Álvaro sequer tinha disco gravado.

Cristo me faz viver, por sua vez, tem uma história parecida com *Vontade de viver*, quando o assunto em voga é tempo. Ela foi remetida por fita cassete, em 1982, para Álvaro, quando eu morava em São Paulo, no mesmo cassete que seguiu a canção *Vem ficar comigo.*

De 1982 para 1993, o intervalo é de 11 anos. Foi esse o período decorrido para que a música viesse a entrar no repertório do LP *Deus está aqui.*

Álvaro, com seu *feeling* apurado, alterou o andamento de *Cristo me faz viver* originariamente uma balada ao melhor estilo Edison Coelho, aproximando a melodia mais para uma balada *pop*, inserindo inclusive logo na introdução, "pequenas doses" de *You touched my life*, imortalizada na voz de Gwen Guthrie.

No dia de colocação da voz em *Cristo me faz viver*, para cumprirmos quase que um verdadeiro protocolo ou ritual, estive no Mega Estúdio para presenciar o grande evento (pessoalmente, falando).

A música já estava mixada e antes de o técnico apertar o *start* da mesa de som para liberar a canção, Álvaro pediu que apagassem a luz a fim de "climatizar o ambiente" para a audição. Foi algo indescritível!

Na contracapa do disco, Álvaro teceu um agradecimento ao trabalho de Tutuca Borba, que dizia:

"A introdução desta música, bem como toda a modulação harmônica do interlúdio para a segunda estrofe, é um magnífico presente do maestro Tutuca a este trabalho: o que muito me honra!" (sic).

Voltamos, então, ao locutor Márcio Santos que apresentava um agradável programa nas manhãs pela *FM El Shaday*, no *dial* 93,3.

A *Grapevine*, além de Aline Barros, estava lançando outros cantores, como Oziel Silva, Elvira (irmã de Álvaro) e o Pedrinho, ex-Conjunto Renascer da Penha.

Fiquei responsável pela produção musical do disco do Pedrinho e, como a Aline Barros tinha estourado na mídia, achei interessantíssimo convidá-la para uma participação especial no CD dele. Uma jogada de *marketing* para tentar alavancá-lo nas rádios.

A diretora-executiva da *Grapevine* abraçou a ideia e os dois gravaram a canção *Caminho pra felicidade* (Marcelo Tavares/ Elvis Tavares). Fizemos esse trabalho no estúdio BPM 1000, em São Cristóvão, no Rio de Janeiro, e que era dirigido por Ricardo de Morais, o popular e grande guitarrista Ringo, complementando-o num estúdio, na Tijuca, onde era técnico o Chico Donghia.

Chico Donghia, além de músico, é engenheiro de som e foi técnico de P.A. (*Public Addres*) de Tim Maia (falecido em 1998). Imagine a pressão!.

A música seria para tocar na rádio Melodia FM, líder de audiência, mas infelizmente sequer posso alegar que fui voto vencido, pois não opinei sobre a escolha da obra a ser veiculada por razões óbvias.

Depois disso passei ainda a fornecer músicas para alguns intérpretes de lá, como ocorreu com o disco do grupo infantil *Kid's Love* (o Silinhas, hoje pastor Silas Malafaia Filho, cantava naquele grupo).

Foi aí que fiz amizade com o Márcio Santos, aproveitando para presenteá-lo com o LP *Deus está aqui*, do Álvaro, sem esquecer de fazer aquela caitituagem básica. E não é que deu certo?

Alguns dias depois, *Cristo me faz viver* (de novo uma música "alienígena" na programação habitual) pontuava como uma das mais executadas na *El Shaday*, culminando por figurar quase que automaticamente nas dez mais tocadas da rádio.

Certo dia estava num culto na Assembleia de Deus de Campo Grande, entre o final dos anos 70 e o início dos 80, quando vi Olindina Ramos, mãe de Álvaro Tito, subir ao púlpito para cantar *Teu sangue é forte*. Ele resolveu incluí-la, anos mais tarde, no LP *Deus está aqui*, dando-lhe uma roupagem de um autêntico e vibrante *jazz*.

O *backing* relembrou os velhos vocais com o *thuthuthururuu*, aqueles dos tempos do *Mah-na mah-na* (de autoria de Piero Umiliani), cantado durante um quadro do hilário programa infantil *The Muppet Show*, produzido entre 1976 e 1981.

Um dos melhores contrabaixistas que já conheci participou do LP *Deus está aqui*. Trata-se de *Batatinha*, apelido carinhoso de Davi de Moura, no meio musical – apelido também de um dos personagens do antigo desenho animado *Manda-chuva (Top cat)*, da década de 60.

Basta ouvir a cancão *Põe a tua vida no altar*, composta por Álvaro Tito, para ter-se a certeza de uma execução excelente de um contrabaixo (ou baixo elétrico), quando Batatinha manda logo um *slap* para indicar que a música é quente. Edson Lennon, outro grande músico, aparece fazendo um "pica-pau" na guitarra.

Edson ainda efetuou um lindíssimo solo com seu instrumento em *Cristo me faz viver* na passagem do refrão para a segunda estrofe. Solo semelhante de guitarra nos discos de Álvaro foi repetido somente na canção *Vejo os teus problemas*, de Daniel de Souza, inclusa no álbum *Cristo guerreia por mim.*

Desse disco, também participou uma figura importantíssima da música brasileira que é o tecladista Tutuca Borba. Foi uma dobradinha e tanto dos dois no disco. Tutuca, além de ser muito requisitado para gravações no meio *gospel*, atua nos teclados da banda do cantor Roberto Carlos.

Em outra música do disco chamada *Vem pra Jesus*, uma balada *pop* também de Álvaro, Batatinha mostrou seus dotes artísticos de maneira igualmente sensacional nos seus *glissandos*. Batatinha é conhecido também por compor a banda do cantor campinense Sérgio Lopes (que, por sinal, é baixista de origem).

Não posso deixar de fora a atuação do Edu Lissowski, ainda em *Vem pra Jesus*, quando manda seus efeitos *him shots.*

É interessante que seja citado dois outros exemplos de baixistas que são Charles Martins, da Banda Novo Som, e o internacional Arthur Maia que, além de ter tocado para os grandes intérpretes da Música Popular Brasileira, participou da gravação do LP *Vencer ou vencer*, de Jeferson Monteiro, sendo requisitado principalmente para trazer ao disco sua técnica apurada do fretless, como o fez na execução da música *Amigo de verdade* (Marcelo Tavares/Elvis Tavares).

Estive nessa gravação da música Amigo de verdade e quando Jéferson apresentou-me ao Artur Maia – que não é evangélico – este, ao responder ao meu cumprimento, disse ter-se arrepiado enquanto tocava a música.

Vem pra Jesus vai terminando e Álvaro inicia um solo imitando o som de trompete, com o efeito de um delay em sua voz embelezando mais ainda a música.

No primeiro trabalho da carreira de Álvaro Tito, no LP *Meu ser para Cristo*, deixou patente que seus discos teriam como uma das características principais o fato de usar compositores pertencentes à família.

Foi assim que gravou *Vida, amada vida*, de autoria de seu tio Isaías Ramos (já falecido), irmão de sua mãe.

Passados 12 anos de vida do LP *Meu ser para Cristo*, o sobrinho faz outra homenagem ao tio e coloca voz em *Os anos se passam*, um *blues* que conta (e canta) detalhes alusivos à volta de Cristo.

A cancão *É Deus*, *funk* de Álvaro, retrata uma "conversa" dele com um interlocutor – embora este não o responda, ou seja, na verdade, é um monólogo! – passando uma mensagem encorajadora, dando seu testemunho de que Deus enxuga o pranto daqueles que choram, concedendo-lhes a vitória.

O baixista Davi de Moura, nosso *Batatinha*, esbalda-se em seus *slaps*, enquanto Tutuca Borba comanda com muito brilhantismo seu teclado.

Já o pastor Jorge Severiano comparece ao acetato exemplificando o apelo comumente feito nos finais dos cultos evangélicos. Sua música *Convite à vida*, é adocicada logo na introdução com uma flauta transversal e, de novo, com *Batatinha* abrilhantando a harmonia com seu instrumento de cordas.

Tanto *Convite à vida* quanto *Vem pra Jesus* são canções de mensagens específicas visando despertar as pessoas a se converter ao evangelho de Cristo.

Completando os comentários sobre *Deus está aqui*, chega a vez de *O amor de Deus*. Ela foi mencionada aqui quando o assunto era os concursos de música que a Igreja Assembleia de Deus de Campo Grande fazia nos retiros espirituais, por ocasião da "fuga"do período de carnaval.

Recapitulando a história, conheci Álvaro quando ele tinha 11 anos. Basta verificar a simplicidade literal que compõe a música, que já existia naquela época.

Ali o cantor tinha na estante de casa o troféu de primeiro lugar no COMEV (Concurso de Música Evangélica) do retiro espiritual daquele ano. E qual foi a música que defendeu no concurso? *O amor de Deus*.

O LP *Deus está* aqui foi prensado na fábrica numa fase pré-CD, porém, cerca de dois ou três anos depois, o evento do *Compact Disk* (CD) chegou, com força, ao Brasil.

A gravadora Nancel digitalizou o vinil *Deus está aqui* – o que foi excelente para os admiradores de Álvaro – no entanto, a parte gráfica atuou sofrivelmente, deixando muito a desejar.

Primeiro porque não trouxe a fotografia original da capa (está somente em contraluz na ficha técnica) e depois sequer se viu o cuidado em se repetir a sequência correta das músicas, algo no mínimo obrigatório no encarte.

Você começa a ouvir determinada cancão do disco, mas o título nos créditos não bate com a inscrição e a sequência oferecida.

Capítulo 15

Gravação do LP *Não chore*

O ano de 1994 teve um significado singular para Álvaro porque, além do belo LP produzido há um ano, no dia 13 de novembro nascia sua filha Gabriella.

Lembro-me até que havia agendado com ele uma apresentação para o dia 13 de novembro de 1994, num domingo, na Igreja de Nova Vida, em Piedade (bairro este geograficamente próximo ao Estádio Olímpico do Engenhão).

Embora Zezé estivesse no nono mês de gestação não se imaginava, na verdade que o parto ocorreria com "pontualidade britânica", ou seja, no dia do evento marcado para a apresentação.

Mas como não se pode fazer frente à força da natureza...

Mesmo com o nascimento da filha, Álvaro não deixou de honrar o compromisso com a igreja e conforme o combinado fui ao hospital maternidade, em Niterói, apanhá-lo acompanhado de um irmão que colaborou, com seu veículo, na condução, e que gostaria de citá-lo, mas o nome me escapa agora da memória.

Enfim, estamos no ano de 1995 e, mais uma vez, lá está Álvaro Tito sendo contatado por Alceu Damico para ingressar numa gravadora de ponta, e agora a produção seria chancelada pela *Warner Music do Brasil*, a divisão brasileira da *Warner Music Group*, estando estabelecida em nosso país desde 1976.

Na década de 90 comprou a *Gravações Elétricas* (GEL), que detinha os selos *Continental* e *Chantecler*, passando a denominar-se *Warner Music* – divisão *Continental*.

A sede da *Warner*, no Rio de Janeiro, está localizada na Gávea e todos os compositores participantes do disco estiveram lá assinando a edição das músicas.

Ao individualizarmos as obras do LP *Não chore*, do bigodudo Álvaro Tito, álbum gravado no Estúdio Hit's na Rua do Carmo, próximo à Câmara Municipal do Rio de Janeiro, tendo como técnico de som meu amigo e parceiro de música, Ernani Maldonado, podemos destacar a obra *A resposta de Deus* que traz como pano de fundo os Salmos 51 – salmo esse atribuído a Davi em razão de seu adultério com Bate-Seba e logo após o profeta Natã revelar-lhe seu deslize – e que no versículo 17, demonstraria seu arrependimento pelo pecado cometido e a consequente misericórdia divina evidenciada.

A letra ainda passeia por Isaías 41:10, concedendo outra prova contundente de misericórdia ao dizer "Eu te esforço, sou teu Deus!".

Interessante perceber que Álvaro é comprovadamente locutor e interlocutor na música, isso porque o enredo da canção mostra-o cantando, e o vocal, formado por sua própria voz com algumas dobras "respondendo" e fazendo jus ao título dado à canção.

Vejo ainda pertinência em trazer outro exemplo da sinalização das respostas de Deus em nossas vidas, dessa vez acontecida com o pastor David Wilkerson (falecido em 2011) e a esposa Gwen, quando menciona em seu *best-seller A cruz e o punhal*, a experiência divina obtida quando cogitado para pastorear a igreja em Philipsburg:

(...) Curvando a cabeça no escuro, do lado de fora daquela igrejinha, fiz uma experiência com uma oração especial, pela qual eu procurava conhecer a vontade de Deus através de um sinal. Esse tipo de oração chama-se "Colocar lã perante o Senhor", por causa da história de Gideão. Quando este estava procurando conhecer a vontade de Deus para a sua vida, pediu que o sinal fosse dado pela lã. Colocou-a no chão e pediu a Deus que molhasse a terra de orvalho mas que deixasse seca a lã. De manhã, Gideão constatou que a terra estava toda molhada, mas a lã permanecia seca. Deus lhe dera um sinal.

– Senhor, disse eu em voz alta, quero colocar um pouco de lã em tua presença agora. Estamos dispostos a fazer a tua vontade, se conseguirmos descobrir qual é ela. Senhor, se é o teu desejo que fiquemos aqui em Philipsburger, pedimos que tenhamos certeza através de voto unânime da comissão. Permita também que resolvam, eles mesmos, consertar a casa e instalar um fogão e uma geladeira decentes...

– E Senhor, disse Gwen interropendo, porque naquele momento a porta se abriu, e vimos a comissão dirigindo-se para nós, permita que eles se prontifiquem a acabar com aquelas baratas.

(...)– Reverendo e Sra. Wilkerson, disse ele. (...) Votamos todos e concordamos que o senhor seja o nosso pastor. Cem por cento. Se resolverem ficar, consertaremos a casa pastoral, colocaremos um fogão novo e outras coisas que precisarem, e a irmã Williams disse que será preciso dedetizar a casa também.

– Para acabar com as baratas, acrescentou a esposa do irmão Williams, dirigindo-se a Gwen.

Confiando nas promessas, do pastor Jorge Severiano, como já comentado aqui, é transformada num maravilhoso *funk* com vocais sincopados na introdução. Anteriormente, nos anos 80, teve uma roupagem *country* numa gravação do cantor Ely Farias.

O LP *Não chore* (que virou CD depois) manteve os "domésticos" de Álvaro.

Seu cunhado Daniel Gomes, como exemplo, compôs um verdadeiro poema intitulado *Há alguém*. Uma das frases da canção diz: "Jesus Cristo está sempre perto...", ratificando a sua promessa inigualável presente em Mateus 28, versículo 20.

Frise-se, contudo, que a utilização dessa música por Álvaro Tito não se deu de maneira inédita haja vista que o camarada Natan Brito gravou-a, em 1994, pela gravadora paulista *Bom Pastor*.

Natan, além de integrante da Banda & Voz, teve uma carreira-solo com três discos produzidos por lá.

O detalhe *sui generis* é que, enquanto Natan Brito inseriu, em 1994, nos créditos de seu disco intitulado *Com alegria*, a música com o título de *Sempre perto* (a décima na sequência do vinil), Álvaro lançou-a pela *Warner Music*, em 1995, com o nome de *Há alguém*, porém sendo ambas a mesma obra.

Essa não é a primeira relação havida entre Álvaro Tito e a Banda & Voz.

Em 2008, foi gravado nos estúdios da Hit TV – emissora de propriedade do missionário R.R. Soares – o CDe o DVD *Nossa história*, pela gravadora *Graça Music*, fonogramas esses comemorativos aos 23 anos de formação da B&V, e que em decorrência das vendas em setembro de 2009 receberam o merecido disco de ouro, conforme as normas da Associação Brasileira de Produtores de Disco (ABPD). Esses dois produtos fonográficos da B&V trazem a regravação de *Não há barreiras*.

Vale a lembrança de *Há alguém (Sempre perto)*.

Há Alguém
(Daniel Gomes/Warner Chappell)

Quando a lágrima nos teus olhos brotar
Sobre a pele do teu rosto correr
Quando a dor te fizer chorar
Ou o sofrimento invadir você

Não se desespere ainda
Alguém te olha alguém te vê
Há uma solução ainda
Há alguém junto a você

Jesus Cristo está sempre perto
Ele é o socorro certo
Sua forte mão te pode sustentar

No seu sangue a vitória é certa
Seu poder seu amor liberta
Jesus está bem perto pra te ajudar

Quando a palavra te faltar
Ou não mais souber o que dizer
Quando a dor tua voz calar
Saiba que Ele está junto de você

O fonograma *Há alguém*, na voz de Álvaro, foi ainda escolhido e requisitada sua cessão pela gravadora *Line Records* a fim de integrar a coletânea *Louvor Deles – volume I*.

Seguindo sua tendência rítmica, regada (termo nada a ver com o *reggae!*) a *funks* pela carreira, eis que Álvaro introduz no repertório *Jesus Cristo é*, escrito por Olindina Ramos e com uma levada à lá Marvin Gaye (falecido em 1984), colocando pai e mãe num mesmo patamar musical em termos de estilos, no álbum *Não chore*, pois ambos contribuem com levadas *funkeadas*.

Os convites à aceitação de Jesus Cristo, como não pode deixar de ser nos discos evangélicos, são uma constante nos trabahos de Álvaro Tito.

No LP pela *Warner Music*, a tarefa coube a Manoel S. O. Filho, com sua cancão *Vem amigo*. Álvaro interpretou-a, efusivamente, retratando o carinho que devemos demonstrar para com as almas carentes de Jesus.

Álvaro inseriu uma balada composta em tom menor a qual batizou de *O anjo de Deus*, bem aos moldes das melodias pentecostais, nas quais anjos desembainham suas espadas de fogo em prol dos crentes em Jesus.

Na década de 80 houve um grande movimento denominacional no Brasil com o surgimento de comunidades evangélicas, dentre elas, a Comunidade Evangélica de Goiânia, berço de nascimento do Ministério de Louvor Koinonia e que revelou cantores como Alda Célia, Kleber Lucas e Ludmila Ferber.

Kleber é confesso admirador de Álvaro Tito, dizendo até ter sido influenciado artisticamente por ele na sua carreira. (Essa influência é forte na música *Purifica-me* de autoria de Kleber, muito aparentada com a balada *Sentimento,* composta por Álvaro).

Nessas comunidades é bastante comum o uso do louvor congregacional.

A inclusão de *Jesus é o meu pastor*, composta por Álvaro, parece ser fruto do movimento responsável pela investida em estúdio de vários ministérios musicais dessas comunidades ("ministério" é o prenome de identificação de grande parte deles).

O cantor convoca até de um "grande coral" – formado por sua voz com múltiplas dobras – quando diz: "Vamos cantar juntos, vai!" (sic), ficando bem assemelhado ao estilo marcado pelos referidos louvores congregacionais.

Indescritível, no entanto, no LP *Não chore*, é a beleza de *Mestre, preciso de você* de autoria de nosso biografado.

A lembrança ao texto insculpido em Isaías em seu primeiro capítulo, no versículo 18, salta à memória, logo na frase inicial, quando o profeta escreve: "Vinde, pois, e arrazoemos, diz o Senhor (...)". E é exatamente o que o personagem faz nos versos da canção, clamando: "Mestre, preciso de você!".

Enfim, toda a dependência humana em Deus pode ser constatada nessa melodia. Diz a letra: "Senhor, não quero cair, necessito prosseguir...".

Até uma pequena remissão ao episódio envolvendo Tomé, o Dídimo, pode ser vista (e ouvida), porém sem descrença na frase *Eu vejo você com os sinais nas mãos, dizendo assim: O poder é meu...*

A questão preponderante – e diferencial – está no que Jesus diz a Tomé logo depois de o discípulo certificar-se de que realmente era o Mestre diante dele.

Fomos lembrados por Cristo na expressão *bem-aventurados os que não viram e creram* (João 20:29).

Álvaro reafirmou, sem titubear, a certeza que temos no nosso Salvador Eterno, quando vemos pela fé os sinais em Suas mãos, seguramente crédulos no poderio que somente Ele tem e que resultou na nossa redenção.

Abrindo um pequeno parêntese: a primeira vez em que ouvi uma música evangélica (a palavra certa seria "hino") tratando Alguém da Trindade pelo pronome "você", foi no disco *Ouvi dizer*, do Grupo Elo, mais precisamente na faixa *Você chegou*, isso lá pelo final dos anos 70.

O "você", no caso, era Jesus e houve gente "torcendo o nariz" pela "audácia" no uso do referido pronome de tratamento.

Depois parece que os ânimos arrefeceram-se um pouco, tanto é que alguns anos depois, em 1987, o cantor Ozeias de Paula fez grande sucesso com a música *Do jeito que eu sou,* dos autores Ed Wilson (*In memoriam*) e Joran, obra integrante do vinil *Com amor*, pela antiga *Polygram.*

O refrão é bem conhecido: *Não posso viver longe de você, não posso ficar sem tua luz. Eu quero dizer que amo só você, Jesus (sic)*!

Meu pai comprou um LP nos anos 70 que continha pregações do saudoso pastor Nilson do Amaral Fanini (falecido em 2009).

Nunca esqueci uma das falas dele ao comentar uma visita que fizera ao Hospital Universitário Antônio Pedro, em Niterói, no Rio de Janeiro.

Uma mulher internada ali ouvia as palavras do pastor que a convidava para aceitar a Jesus como salvador de sua vida. Que ela precisava tomar essa decisão, obtendo dela a seguinte resposta: "Preciso, mas não mereço!".

Nessa época eu compunha bastante com meu irmão Marcelo. O Álvaro tinha pedido música para o álbum que sairia pela *Warner* (não sabíamos ainda que o título seria *Não chore*). Foi aí que me lembrei do pastor Fanini pregando a palavra de Deus àquela mulher no leito do HUAP (mesmo hospital em que falecera o cantor Tim Maia, em 1998).

Disse para Marcelo a temática na qual trabalharíamos para compor a música. Ele começou a dedilhar uma melodia no violão e eu emendei cantando a primeira frase *quis caminhar caminhos tortos, quis me fazer viver por entre os mortos...*

Nascia, dessa forma, a cancão *Precisar mais que merecer.*

No momento em que escrevo essas linhas não posso evitar uma certa comparação com a mulher cananeia que rogava pela compaixão de Jesus e que alcançaria a cura desejada para sua filha endemoninhada. Tendo inclusive de Jesus a admiração pela grandeza de sua fé.

Vale a lembrança de *Precisar mais que merecer.*

Precisar mais que merecer

(Marcelo Tavares/Elvis Tavares/Warner/Chapell)

Quis caminhar caminhos tortos
Quis me fazer viver por entre os mortos
Quis conseguir andar sem tua mão, mas foi só ilusão
Pensei vencer os meus dilemas
E libertar-me enfim dessas algemas
Porém a dor foi aumentando mais
Quis a paz pra mim

Foi quando percebi que minha vida
Ia se decompondo a cada dia
Era preciso a ajuda de alguém bem maior que eu
Abri meu coração pra Jesus Cristo
Que me falou de forma tão suave

Quero teu sofrimento amenizar
É só crer em mim

Pra merecer de Jesus Cristo
A proteção das garras do imprevisto
Teria eu que ser alguém maior
Ser alguém bem melhor
Preciso mais do que mereço
Da tua compaixão, do teu apreço
O teu amor me faz merecedor
Tenho paz em Ti

A tônica da canção *Não chore* está bem focada no livro de Salmos, isso se levarmos em consideração vários trechos da música.

Logo na estrofe inicial o cantor-autor reporta-se ao Salmo 37, versículo 5, versando sobre o justo que jamais será visto ao desamparo.

O próprio refrão aproxima-se da ideia de conforto contida no Salmo 30, na parte final do versículo 5, versando sobre a alegria que, ao amanhecer, procede à tristeza.

Já a metade da segunda estrofe categoricamente leva-nos ao primeiro versículo do conhecidíssimo Salmo 91. Diz a letra: "O que habita sobre as asas do Altíssimo à sombra do Onipotente descansará".

Por falar nisso, é notório que o Salmo 91 tornou-se uma espécie de amuleto em muitos lares brasileiros. Qual seria a validade de a Bíblia permanecer recostada num suporte aberta no Salmo 91?

Está registrado na Bíblia "Examinai as escrituras porque julgais ter nela a vida eterna..." ou "Recostai as escrituras...?"

Enfim, a música *Não chore* ganha uma beleza ainda maior quando o *backing vocal* passa a conduzi-la em meio a notas dissonantes e Álvaro acrescenta à letra a frase solta "Creia, meu irmão!", retomando a condução da melodia, até findá-la, ralentando com abundantes melismas.

A *Warner Music* relançou o disco em 2001, já no formato digitalizado (CD), mudando a capa original da cor de matiz grená para o azulado, dando a impressão de que estaria pondo no mercado um produto novo do cantor.

Vale a lembrança da letra de *Não chore.*

Não chore

(Álvaro Tito/Warner Chappell)

Tua vida em perigo se envolveu
E o medo já tomou teu coração
Os amigos te faltaram
Desesperado está
Você não ve saída e nem salvação
Nunca vi um justo desamparado não
Nem a sua descendência mendigar o pão
Meu irmão o anjo forte com a espada de poder
Entra agora em tua casa com a vitória pra você

Não chore irmão, não chore irmão
As mágoas não podem te vencer

Não chore irmão, não chore irmão
Jesus está cuidando de você

Tanta dor e amargura no teu viver
Quanto gente humilhando faz sofrer
Até quando eu suporto
A pergunta você faz
Nessa hora é tão difícil sentir paz
O que a habita sobre as asas do Altíssimo
À sombra do Onipotente descansará
Meu irmão o anjo forte com a espada de poder
Entra agora em tua casa com a vitória pra você

Nos anos 90 Álvaro convidou-me para irmos a uma programação em Muriaé, no Estado das Minas Gerais e o pastor Jorge Severiano estava conosco.

Já hospedados no hotel reservado pelos organizadores do evento, tivemos a grata satisfação de encontrar, andando pelos corredores, o amigo cantor Marco Aurélio, famoso pela música *Promessa (Vou voar em direção ao céu de Cristo...).*

Marquinho, que é mineiro de Água Boa, alegrou-se muito com nossa estadia por ali, principalmente quando imitava os queridos amigos Martin Lutero e Wanderly Macedo (esse último que usava um chavão num programa de rádio que apresentava, dizendo: "Você já abraçou seu filho hoje?").

Durante a programação, quando Álvaro subiu ao palanque (acho que do Ginásio Municipal de Muriaé) para fazer sua apresentação, "quebrou o protocolo", chamando Marco Aurélio, fazendo elogios à carreira do cantor e destacando acima de tudo sua humildade como servo de Deus.

Marquinho, em retribuição aos momentos de encontros com Álvaro pelo Brasil afora, emitiu o seguinte depoimento:

O primeiro *playback* que usei na minha vida foi de Ozeias de Paula do LP *Paz e comunhão*. Adquiri quando morei por um tempo em Sorocaba, SP. Cantei muito essa música e outras do Ozeias durante boa parte de minha juventude.

Logo que me mudei para o Rio, ouvi uma voz na rádio 'Boas novas' que me lembrava um pouco a voz do Ozeias nas partes iniciais da musica, mas tinha algo diferente naquela voz, era uma forma diferente de cantar, era agudíssimo, era algo novo. Estava inaugurada a forma "Álvaro Tito de cantar". Todos queriam cantar igual a ele. Alguns se vestiam como ele. Até o corte do cabelo imitavam e eu fui logo comprar o LP e o *playback*. Em todas as igrejas que eu visitava com meu *playback* tinha sempre alguém TENTANDO cantar 'não há barreiras'. Alguns usavam do artifício de pedir a igreja pra cantar o refrão, pois não conseguiam atingir aqueles agudíssimos e muitas vezes eu desistia de cantar, pois vários irmãos cantavam no mesmo culto, várias músicas do Álvaro. Um dia eu tive coragem e cantei essa música com *playback* numa igreja em Bonsucesso, e logo fui muito criticado pela irmã que dirigia aquele culto. Ela me chamou de imitador do Álvaro publicamente, mas o fato é que de tanto ensaiar suas músicas acabei por imitá-lo involuntariamente e minha extensão de voz naquela época era a mesma dele. Tanto assim que anos depois quando gravei meu primeiro LP *A vitória é nossa*, fui bastante rejeitado aqui no Rio de Janeiro por alguns admiradores dele, pois minhas músicas de um modo ou de outro lembravam as suas. Por isso eu tinha medo de conhecê-lo pessoalmente e ser desprezado porque compus a música *A vitória é nossa* me baseando na música *Pelo sangue de Jesus*. Que nada!!! Quando fui cantar numa igreja no bairro Caramujo, em Niterói, o motorista que me buscou em casa passou depois na casa dele pra buscá-lo, pois ele também cantaria naquele culto.

Quando ele entrou no carro eu fiquei muito emocionado e mudo. Ele entrou no carro cantando o refrão da minha musica *A vitória é nossa* num tom acima do normal e disse "Marquinho, você não imagina quanto esta música tem me abençoado!" Ele disse isso com lágrimas nos olhos e eu "congelei". (Ele era membro daquela igreja e não cantou. Ficou me ouvindo cantar, que luta!!!!(risos). Cantamos minha música juntos algumas vezes em eventos pelo Brasil afora, mas nunca me arrisquei a cantar alguma dele perto dele. Termino dizendo que a primeira música que cantei com *playback* do Ozeias de Paula, chama-se *Paz e comunhão* e é de autoria de Álvaro Tito.

O cantor Martin Lutero, contemporâneo de Álvaro Tito também emitiu um depoimento sobre a carreira de seu colega ministerial, conforme vemos a seguir.

Tive a oportunidade de bem no início de minha carreira em meados de 85 ouvir as canções de Álvaro Tito. Eu estava feliz por ser tido como original, embora lembrasse o Elvis sempre... No entanto, um dia pude ver para meu espanto que havia alguém também original e que lembrava o Stevie Wonder.

Esse era e é o amigo Álvaro Tito. Canções como *Não há Barreiras, Pelo sangue de Jesus*, que estouraram de tanto tocar, faziam o povo vibrar e a mim, poder ver um legítimo Rival em Carreira Musical. Ambos jovens e audaciosos musicalmente. O Álvaro já naquela época produzia suas próprias gravações. Lembro quando estava em Recife, o Amigo Isaque Sá dizendo: Martin, Álvaro e o cantor dos Jovens, né? Lembro também ver o pastor Luiz de Lorena, comigo na direção do *show*, milhares de pessoas, dizendo: Esse e o meu cantor predileto! Dizia isso e chorava... A mim me dava um pouco de ciúme, mas ciúme bom, se é que existe...

Álvaro Tito é um dos poucos cantores brasileiros que realmente nunca se vendeu ao consumismo e continua íntegro ao seu chamado, não mudando sua música só pra vender assim como eu e isso me faz o admirar cada vez mais. Hoje depois de vários anos na América volto ao Cenário Musical *Gospel*, e com certeza quero ainda duelar no palco com esse enorme talento chamado ÁLVARO TITO! Deus seja contigo meu amigo... *[sic]*.

Pr. Cantor *Gospel* Martin Lutero. Florida, USA.

Capítulo 16

Gravação do LP *Cristo guerreia por mim*

A gravadora *MK Music*, desde que se estabeleceu no mercado fonográfico, há 25 anos, deu a entender que primaria pela busca por excelência nas suas produções.

A cantora Marina de Oliveira gravou o LP *Imenso amor* em 1986, (mesmo ano do LP *Não há barreiras*), também revolucionário, recheado de versões como *Faça um teste (Bread upon the water)*, dos autores Janny e Bill Grein, sucesso dos grupos norte-americanos The Imperials e Gaither Vocal Band, e com a intenção de distribuí-lo, criou a *MK Publicitá* ("M" de Marina e "K" de Kátia Koslovski, sua sócia, na época).

Nascia o embrião do que é hoje a *MK Music*, gravadora que tem no acervo mais de 3.000 fonogramas.

A *MK Music* é uma das poucas produtoras de música gospel com vinculação à Associação Brasileira de Produtores de Disco (ABPD) e, segundo afirmação contida em seu site, a única gravadora evangélica detentora do Certificado de Qualidade ISO 9002.

A ISO (*International Organizacion Standardization*) é uma organização não governamental criada em 1947, na Suíça, para promover a normatização de produtos e serviços com o objetivo principal de que a qualidade destes seja sempre aperfeiçoada.

Em 1997, estreou na Rede TV o programa *Conexão Gospel*. No mesmo ano, aconteceu o *Canta Los Angeles*, ocorrendo ainda a contratação pela *MK Music* da dupla Rayssa & Ravel e do cantor Kleber Lucas.

É também em 1997 que Álvaro Tito lança pela *MK Publicitá* o disco *Cristo guerreia por mim*.

Acredito que a ida de Álvaro para a gravadora de São Cristóvão iniciou-se numa programação da *MK* que teve vez no Teatro Lemos Cunha, na Ilha do Governador, no Rio, quando foi convidado pela organização do evento para apresentar-se ali.

Estive no teatro naquela noite, onde encontrei Gilson Evandro, ex-componente e companheiro do tempo do conjunto Sublime Louvor (o conjunto da nossa adolescência) e que acompanhava Álvaro naquela noite.

Marina de Oliveira conduzia a programação e depois de Álvaro puxar a plateia com a música *Põe a tua vida no altar*, Marina agradeceu-lhe pela presença, dizendo da alegria em tê-lo ali.

Nessa época, duas cantoras com reduto residencial na Ilha do Governador compunham o *cast* de artistas da *MK Music*: Cristina Mel e Lea Mendonça.

Lea Mendonça tinha na praça o álbum *Eternamente sua* e Cristina, o LP *Dê carinho*.

Disco pronto, a faixa inicial é *Olha pra Cristo*, do próprio Álvaro, sendo mais uma obra remanescente dos tempos em que sequer tinha entrado em estúdio para a produção do LP *Meu ser para Cristo*, de 1982.

Logo a seguir um funk pentecostal vem à cena, novamente em seu repertório, quando grava O fogo cai, de autoria da mãe Olindina Ramos. A letra é centrada em Provérbios, capítulo 8, versículo 17, cuja reprodução diz: "Eu amo os que me amam, e os que de madrugada me buscam, me acharão".

O filho-cantor de Olindina Ramos inovou em sua música *O fogo cai*, introduzindo um ritmo caribenho, verdadeira música latina, diria até tratar-se de uma obra de real hibridismo (dada às misturas sonoras nela presentes) levada entusiasmadamente por um solo de trompete tão característico nas salsas cubanas, por exemplo.

Lembrança boníssima, a propósito, é a gravação da salsa *Promessas*, autoria de Fernanda de Jesus, pela querida cantora carioca Jeanne Mascarenhas, no cedê *Vaso de Bênçãos*, repetindo o estilo usado por Álvaro em *O fogo cai.*

Repetindo sua opção por prestigiar os "domésticos da fé", esse disco também traz como autores, como já disse, a mãe, o pai e o cunhado Daniel Gomes.

E é de Daniel Gomes a música que projetou o disco. A intimista *Vejo os teus problemas* descreve alguém totalmente arrasado pelos pecados cometidos e abandonado pelos amigos, até ouvir a voz maviosa de Jesus Cristo, dizendo que continuava sendo seu protetor.

Quando o personagem exclama: "É, por certo já pequei demais..." e, prosseguindo no enredo da canção, Jesus responde dizendo que estaria o pecador enganado porque via os problemas dele, pode-se comparar tal trecho da música com o julgamento que *Elifaz* fez de Jó, insinuando que todo o seu sofrimento era consequência de seus pecados. Vide o livro do próprio *Jó*, capítulo 4.

"*Elifaz fez*": trocadilho na desinência de nome próprio, modalidade de parônimos, ancestral bíblico distante do cantor Ely Farias ou N.R.A.?

Os violinos com seus harmônicos comprovadamente decifraram a forma carinhosa com que Jesus expressa – até hoje – ser o nosso redentor, tal qual o foi com o protagonista da canção (Luther Antonio Stradivari ficaria maravilhado ao ouvir as cordas!).

Isso sem falar – mas, já falando – no solo de guitarra na passagem do interlúdio para o retorno ao refrão, que foi simplesmente espetacular.

De quem é o solo de guitarra? Seu nome é Pablo Chies, requisitadíssimo músico e que em 1994 integrou o Grupo Rebanhão, liderado pelo amigo Pedrinho Braconot.

Lamentável apenas o descuido na confecção gráfica do encarte contendo as letras das obras, pois creditaram a propriedade da canção *Vejo os teus problemas* a Álvaro Tito e não a Daniel Gomes. Mas no fundo de caixa o equívoco felizmente não se repetiu.

A despeito de qualquer coisa, *Vejo os teus problemas* é uma perfeita exemplificação da crise existencial vivenciada por Jó, mas que depois de todo seu sofrimento teve a nítida percepção de que Seu Redentor vivia (a frase do refrão: "Tu te enganas, Vejo os teus problemas", comprova isso).

Daniel Gomes retratou implicitamente Jó e a calamidade que o afetara – segundo a *Bíblia Shedd*, Jó, ao julgar pelos sintomas, sofria de elefantíase – sem olvidar-se, da menção aos seus "três amigos" (*Elifaz, Bildade e Zofar*), basta conferir os versos de "já não me dou bem com meus amigos!".

Vem à lembrança o jargão popular que diz que "quem tem amigos assim não precisa de inimigos".

Eliú, o mais novinho da turma, "pegou mais leve" com Jó!

A história de Jó é tão fortemente retratada na Bíblia que serviu (e serve) de base para teses, livros e músicas.

O compositor alemão, de estilo barroco, Georg Friedrich Händel, revivendo Jó, compôs seu oratório mais famoso, o aclamado *Messiah (I know that may redeemer liveth)*, inspiração calcada no versículo 25 de Jó, capítulo 19.

Vale lembrar a letra de *Vejo os teus problemas.*

Vejo os teus problemas

(Daniel Gomes/Direto)

Pra viver não vale só de lágrimas
Sem sentir a presença do amor
Pra viver sem saber o que é paz
Pra viver assim não é viver

Minha alegria a ludibriar
Retirando a harmonia do meu lar
Já não ando bem com meus amigos
Já não sinto amor dos meus irmãos

Tu te enganas vejo os teus problemas
Também sinto em mim a tua dor
Sempre há amparo nos meus braços
Sou Jesus teu Deus teu protetor

Será que meu Deus já não vê isso
Não vê o meu sofrer voraz
Faz pensar que Ele não, que ele não me ouve
É por certo já pequei demais

Em linhas anteriores deste livro consta a informação de que Ozeias de Paula gravou duas músicas de Álvaro Tito no disco *Tens*, pela *Polygram*, nos anos 80.

Uma dessas músicas chama-se *O sangue de Jesus* e que 15 anos depois ganharia nova versão, porém, dessa vez na voz de seu criador. Álvaro arranjou a canção num ritmo menos acelerado do que o utilizado por Ozeias e que teve a batuta musical do grande maestro Misael Passos.

A questão inusitada está no fato de o título da obra – repetindo o episódio da canção *Há alguém* no LP *Não chore* – constar nos créditos do CD de Álvaro Tito, pela *MK Music*, com nome diferente do gravado originariamente na antiga multinacional holandesa.

No LP *Tens* consta *O sangue de Jesus*, enquanto no disco *Cristo guerreia por mim* a música é registrada no encarte como *Esse sangue vertido.*

Conferindo a letra da canção, verificar-se-á (bela mesóclise, não?) que *Esse sangue vertido* trata-se da primeira frase do refrão da obra.

Vale a pena lembrar a letra de *Esse sangue vertido.*

Esse sangue vertido (O sangue de Jesus)
(Álvaro Tito/Mercury Ed.)

Existe um mistério na vida do crente
Que o faz estar em comunhão frequente
Entronizado em sua vida pura vida produz
E lava dos pecados é o sangue de Jesus

Ah! esse sangue vertido
Na cruz espargido com poder sem igual
Pode te trazer a calma e paz para tua alma
Afastando as hostes do mal

Ao clamar o sangue do filho de Deus
Aniquilo o mal nos momentos meus
Encoberto no sangue não sinto a cruz
A levo sorrindo pelo sangue de Jesus

Lembro-me de que quando o LP *Tens* do Ozeias foi lançado, em 1983, ficávamos eu, Nenel e Álvaro – que levava as canções no violão – cantando as músicas do disco, principalmente, as de Álvaro, isso porque, além de termos o Ozeias como o "01" do *gospel* brasileiro, a entrada das músicas de Álvaro nos discos dele foi uma conquista agradabilíssima.

Isso não era nenhuma novidade para nós até mesmo porque os discos do Ozeias "sobejavam" na casa do Nenel, por exemplo.

Certo dia chegamos a espalhá-los pelo piso da sala para escolhermos qual ouviríamos e acompanharíamos, cantando.

Na sequência do disco de Álvaro pela *MK*, temos *Santo é Jeová* feita por ele. Composta com elementos de conotação pentecostal, a música tem bastante variação de graves e agudos emitidos pelo cantor, trazendo um *backing vocal* com sincronismo saudável – como de costume – no tradicional *tchuthuru* e ainda modula (sobe de tom) antes de terminar.

Meu amigo Waguinho (Wagner Carvalho) "mandou bem na batera" principalmente quando faz a condução na cúpula do prato *ride* (como diria Pelé, apoiado em sua muleta verbal: *Entende?*).

Melhor explicando (tentando!): batendo com a baqueta na parte central do prato de condução.

Aliás, um detalhe *sui generis: o backing vocal* foi todo realizado por Zezé e Álvaro (esposa e marido).

Outra regravação do álbum foi *Sinal da cruz (O sinal da cruz)*, do pastor Jorge Severiano, utilizada por Álvaro Tito originariamente em 1984 no LP *Deus transforma.*

Queima Senhor, balada pop pentecostal escrita pelo cantor, foi muito executada na rádio El Shaday FM. A canção é "prima em primeiro grau" de *Mais uma vez*, também de Álvaro (tem até o saxofone!), e que foi gravada no disco *Não há barreiras.*

A *MK Music*, no início dos anos 2000, incluiu-a em uma coletânea que reunia canções apenas de cunho pentecostal.

Ao selecionar a música *É de madrugada*, que ele mesmo compôs para o disco, introduzida e carregada por metais, Álvaro bisa a temática pentecostal existente em *O fogo cai*, inclusive abordando a glossolalia.

A interpretação, por si só, é um passeio de Álvaro Tito entre graves e agudos, como havia feito em *Santo é Jeová.*

Outro virtuosismo do intérprete ouvido na obra É de madrugada é quando fez uma síncope nas frases *(...) O Senhor dá visões e (...) Vem logo renovar (...)*.

Tanto em *Santo é Jeová* quanto em *É de madrugada*, o baterista Wagner Carvalho (nosso Waguinho) fez a condução na cúpula do prato *ride* no coro da música (condução tocando a baqueta na parte central do prato).

O querido Davi Montenegro, com seu timbre de baixo vigoroso, trouxe pela antiga *Polygram* nos anos 80 o LP *Pássaro ferido*, no qual inseriu a música *A solução é Jesus*, de Álvaro Tito.

Álvaro, que é barítono-tenor, fez uma releitura da obra, recheando-a com cordas, ficando, porém, claro que a música foi composta pensando em alguém que cantasse num tom mais grave, isso porque as estrofes deixam isso bem claro.

A música-título *Cristo guerreia por mim* é uma autêntica declaração de que o Senhor guerreia nossas guerras, refletindo, desta forma, na letra da canção, as batalhas espirituais às quais estamos sujeitos. Lá no Livro de 2 Crônicas, 32, versículo 8, lemos que *Conosco está o Senhor, nosso Deus, para nos ajudar e para guerrear nossas guerras.*

Examinando o livreto *Manancial – Volume 8* – no tópico *Alegria na conversão*, de Dulce Consuelo S. Lopes Purin, consigo entender que a letra da canção *Cristo guerreia por mim* é essencialmente uma autêntica validação do "Plano B" de Deus a nosso respeito – nós, enquanto gentios – conforme registra João, capítulo 1, versículos 11 e 12:

Veio para o que era seu, e os seus não o receberam. Mas a todos quantos o receberam, deu-lhes o poder de serem feitos filhos de Deus, aos que creem no seu nome.

Complementado pela passagem de Atos, capítulo 13, versículo 48, que diz:

> Os gentios, ouvindo isto, regozijavam-se e glorificavam a palavra do Senhor, e creram todos os que haviam sido destinados para a vida eterna.

Pablo Chies é escalado para mais uma sessão de virtuosismo com sua guitarra, conduzindo um solo até a modulação da música, momento em que Álvaro retorna ao refrão.

Vale lembrar a letra de *Cristo guerreia por mim.*

Cristo guerreia por mim
(Álvaro Tito/Efrata Music Ed.)

Minha luta é total
E às vezes penso em desistir
Luto contra todo mal
Ele vem me destruir
Eu não posso me quebrar
Aos ataques desse vento sem fim
Deus trabalha e opera
Por isso eu o adoro assim

Cristo guerreia por mim
Cristo guerreia por mim
Eu sou lavado
Remido em seu sangue

Cristo guerreia por mim
Cristo guerreia por mim

Potestades vão cair
Inimigos vão tremer
Há unção de Deus aqui
Faz o mal retroceder
Eu não posso me quebrar
Aos ataques desse vento enfim
Deus trabalha e opera
Por isso eu o adoro assim

Capítulo 17

Exílio do Rio de Janeiro

Um contratempo formou-se entre as partes e o disco (já concluído) que não tinha fotografia para a capa e quase saiu inteiramente na cor branca, sem a imagem do cantor nem qualquer outra figura ou paisagem.

Solução encontrada? Utilizar cromos que sobraram do LP *Deus está aqui*. Não precisa fazer força para se perceber que a indumentária de Álvaro Tito no álbum Cristo guerreia por mim é idêntica ao disco feito pela *Nancel Produções*, anos antes.

Como diria o Dr. Honório Kauser, personagem do humorista cearense Chico Anísio: "Nada alarmante!"

Se voltarmos um pouquinho na história da música evangélica brasileira, relembraremos –os mais antigos – os LPs *Depois da chuva, Ozeias e a harpa* e *Canto aleluia*, todos do cantor Ozeias de Paula, ou seja, a tríade da mesma roupa na capa.

A celeuma geradora dessa desavença entre o contratado e a contratante, respectivamente, cantor e gravadora, foi iniciada na impossibilidade de Álvaro permanecer no Rio de Janeiro para a divulgação do CD *Cristo guerreia por mim*, isso em razão de problemas pessoais pelos quais passava o cantor justamente na época em que o álbum foi gravado, que o impediam de sequer pisar o solo do Rio de Janeiro.

O contrato assinado tinha a validade de três anos, com equivalência a três trabalhos em disco anuais, muito provavelmente se o projeto alcançasse êxito favorável nas vendagens.

Desse compromisso, Álvaro cumpriu apenas a primeira parte (a gravação do *tape*), pelos motivos já mencionados, ficando "amarrado" legalmente ao pacto celebrado com a *MK Publicitá*.

Foi nessa época de ausência de Álvaro Tito de sua terra natal, o Rio de Janeiro, que sua carreira foi eclipsada, coincidindo com o aparecimento, com mais destaque, de cantores como Kleber Lucas, Marcelo Nascimento e Marquinhos Gomes, os três com sucesso pela *MK Publicitá* e com visível influência do estilo de Álvaro em suas canções e modo de interpretar.

Nesse êxodo estadual vivido pelo cantor, seus destinos foram São Paulo, Pernambuco e João Pessoa, totalizando cerca de seis anos fora do Rio de Janeiro, fazendo apresentações pelas igrejas e em eventos políticos pela Região Nordeste.

O álbum *Levanta-te*, por exemplo, embora gravado inteiramente no Rio de Janeiro, depois de seu regresso à capital fluminense, traz na contracapa um telefone de Pernambuco como número de contato para agendamento do cantor.

Surgiram também no cenário paulista diversos intérpretes que se valiam de floreios e melismas em suas canções, como Sérgio Saas, Leonardo Gonçalves, Silvera, Paulo César Baruk, Luciano Claw, entre outros valores.

Confira o artigo postado em 2007, no *site* da *Efrata Music*, comentando sobre o movimento da *black gospel* nacional.

A *black gospel music* nacional

Publicado em: 10 de julho de 2007

Examinai tudo. Retende o bem.
(1 Tessalonicenses 5:21)

A força da música *gospel* nacional tem muita ligação com a música negra americana, conforme já comentei aqui n vezes.

Apesar de o movimento denominado protestantismo ter sido introduzido na América do Norte pelos ingleses por conta da colonização gerando a chamada América Anglo-Saxônica, isso trazendo a reboque os hinos sacros imortalizados pelos sons dos antiquíssimos órgãos acústicos, no momento em que os negros foram levados para servir de mão de obra escrava, com eles vieram as inspirações musicais (as chamadas *worksongs*) "aprimoradas" pelo sofrimento do qual eles eram acometidos. No entanto, para alento daquele povo, o mesmo Deus que cobria de prosperidade os já afortunados pela liberdade de locomoção (*ius eundi*), por exemplo, também estava presente sendo unguento das agruras preconizadas e tremendamente padecidas por aquele afrodescendentes.

Bem, mas como nosso assunto prioritário é história da música *gospel*, vamos ao tema principal.

Consideramos Álvaro Tito como o primeiro cantor nacional a compor e a gravar *black music gospel* no Brasil até mesmo antes de existir essa rotulação. Stevie Wonder – que é da Igreja Batista – exerceu grande influência nessa mutação do cantor, mudança esta fortemente percebida na música *Pelo sangue de Jesus*.

Os arranjos vocais de Álvaro Tito, por exemplo, mostram muito disso. Em cada disco gravado, com acentuada marca a partir do terceiro da carreira (*Não há barreiras*, pela *Polygram*), na década de 80, a verve da musicalidade negra esteve sempre presente no canto de Álvaro e isso mereceu cópia (sadia) de vários outros singers nacionais como Kleber Lucas, Marcelo Nascimento e outros que estão aí na estrada. Exemplos vitaminados disso podem ser colhidos em *Jesus vai te curar, Mestre preciso de você, Com Jesus na vida* e mais recentemente a negroide *Isso não é vida*, integrante do CD *Levanta-te*, onde AT esbanja sua capacidade vocal regada, como não poderia deixar de ser, aos desenhos e aos melismas, marcas constantes na maneira de interpretar do cantor.

Atualmente, reina um movimento fortíssimo da *black music gospel* pelo Brasil com mais relevância no estado de São Paulo. De lá vêm os sons de Sérgio Saas, Leonardo Gonçalves, Silvera, Robson Nascimento, Luciano Claw e Kelly Lopes, para citar alguns. Leonardo Gonçalves faz sucesso nas emissoras de rádios com a música Getsêmani (Cleiton Schaefer), enquanto Luciano Claw regravou *Sentimentos*, do precursor Álvaro Tito, conferindo ainda mais o reconhecimento à paternidade do estilo ao intérprete que encarou uma multinacional pela frente com 16 anos de idade, no começo da década de 80, abrindo caminho à transformação que se daria no *gospel* brasileiro.

Não pode passar em branco o talento incontestável do meu amigo Paulo César Baruk. Esse caucasiano paulista é legítimo cantador de *black gospel music*. Essa tendência é notória na contagiante *Alegria do céu*, que pode ser ouvida repetidas vezes, sem qualquer enjoo. É impossível não sermos remetidos aos tempos em que James Brown surgiu para o mundo cantando gospel, estendendo essa influência indubitavelmente à imortal *I got you (I feel good)*.

Baruk, assim como Elvis Presley, traz em suas melodias originadas na fonte da *race music*, a demonstração inconteste de um talento modelado nas mãos do Criador da música.

Já no solo carioca estão em atividade Marquinhos Gomes – vale a pena curtir a dobradinha dele com Sérgio Saas na música *Eu clamei* – Paula Porto e Rose Nascimento, com destaque agora para o cantor André Lima que com a levada de Acredito mostra com entusiasmo ser um fiel discípulo da *black gospel music.*

Realmente, estamos bem servidos e graças a Deus por isso!

O premiado *rapper gospel* brasileiro Pregador Luo, líder do grupo Apocalipse 16, em entrevista ao site *rapnacional.com.br*, ao ser perguntado sobre os cantores de que gostava, fez questão de frisar que considerava Álvaro Tito como o "pioneiro da *black gospel*".

(...) Quais os artistas gospel que você admira?

NEW WINE, GOSPEL GANGSTAS, MARY MARY, KADOSHI, BANDA RARA, ROBSON NASCIMENTO, FLG, KIRK FRANKLIN, RAIZ CORAL, TONEX, ALVARO TITO (PIONEIRO DA BLACK GOSPEL), PASTOR ADHEMAR DE CAMPOS, FRED HAMOND... TEM MUITA GENTE, NUM DA PRA FALAR DE TODOS, TEM MUITO GRUPO NOVO BOM NO RAP TAMBÉM, A CADA DIA, CHEGA GENTE NOVA DE TALENTO, ACHO QUE O GOSPEL TA TENDO O MÉRITO DE GERAR BONS E NOVOS ARTISTAS [sic].

Grande parte dessa turma paulista, referida no artigo anterior, juntou-se em 2008, para a gravação ao vivo do CD *Black So'dream*, trabalho recheado de *nigro spirituals*, tradicionais hinos convertidos em novas roupagens, bem como, *gospel* contemporâneo.

Álvaro Tito foi convidado a participar das faixas *Sentimentos*, de sua autoria, acompanhando Luciano Claw, que a inseriu em seu primeiro disco, e ainda uniu-se ao Ministério *Black Spiritual*, na interpretação de *Glória, glória, aleluia – Vencendo vem Jesus (Battle Him)*, de Julia Ward Howe.

História: a primeira vez que o presidente norte-americano Abrahan Lincoln ouviu essa marcha, chorou e pediu que fosse repetida.

Foi cantada também na posse do presidente dos Estados Unidos, Lyndon Johnson, e no culto funerário do estadista britânico Winston Churchill, conforme planejamento seu.

Transcrevo também o depoimento do cantor Silvera a respeito da carreira de Álvaro Tito e sua representatividade na vida do cantor paulista.

Álvaro Tito é certamente um dos maiores cantores que conheço. O talento que Deus confiou a ele é algo ímpar e muito especial.

Sua carreira vitoriosa e frutífera é uma prova de que ele tem utilizado seu dom para a salvação e edificação de vidas por onde passa.

Canções como *Pelo Sangue de Jesus* e *Não Há Barreiras* que ouvi pela primeira vez muitos anos atrás alimentam minha alma até hoje.

Só algo vindo dos céus pra produzir cura, renovo, esperança e alegria nos corações de diferentes gerações. Louvo a Deus pela vida do Tito, pois tem sido um canal de bênçãos imensuráveis a serviço do Reino de Deus.

Oro pra que haja sempre um cântico novo em seus lábios e que a Paz que excede todo entendimento e a graça que basta possam acompanhar esse amigo querido em todos os seus passos.

Silvera, cantor, compositor e produtor musical.

Sem poder envolver-se artisticamente com qualquer outra produtora fonográfica, isso em razão das cláusulas que o prendiam ao contrato, coube a Wagner, então noivo da cantora Elvira, irmã do cantor, interceder junto à diretoria da *MK Publicitá*, na sede da gravadora, no bairro de São Cristóvão, no intuito de tentar sua liberação contratual, já adentrando o segundo ano de sua vigência.

Demonstrando bondade e compreensão com a fase difícil vivida pelo cantor, a direção da *MK Publicitá* rescindiu o contrato de Álvaro Tito, liberando-o, definitivamente de seu compromisso com a gravadora.

O CD, ou seja, a *master tape* do disco, embora permaneça sobre a propriedade da *MK Music* – por pleno direito, é bom que se diga – não teve qualquer prensagem nova desde o final dos anos 90, embora seja uma bela produção fonográfica, tanto é que o cantor ainda interpreta bastante a obra *Vejo os teus problemas* nas igrejas e em diversos eventos onde é convidado.

Sobre a propriedade do tape do disco, pela *MK Music*, convém citar o *Manual do Direito do Entretenimento – Guia de Produção Cultural*, dos autores Andréa Francez, José Carlos Costa Netto e Sérgio Famá D'Antino:

> As produtoras fonográficas usualmente optam pela produção de conteúdo ou produção própria, em que a empresa terá gastos com a contratação de artistas e intérpretes para integrarem seu *cast*, que pode ocorrer de forma exlcusiva ou não; contratação de músicos, arranjadores, produtores musicais, escolha e repertório a ser gravado por seu artista, locação de estúdio, mixagem e masterização do produto, criação do projeto gráfico e divulgação.
>
> A produção própria garante ao produtor fonográfico os direitos patrimoniais de exploração daquilo que foi produzido e custeado

as suas expensas e que fará parte do catálogo da empresa, além de lhe ser assegurado os direitos previstos no artigo 93 da Lei no 9.610/98 *(sic)*.

Embora Álvaro Tito não pudesse honrar o pacto com a *MK Publicitá* (nome da gravadora constante da capa do CD *Cristo guerreia por mim*), por residir fora do Rio de Janeiro, à época, estando fixado no Nordeste, acredito que se houvesse uma divulgação do disco naquela Região, na oportunidade, a vendagem do disco seria por demais expressiva, iso porque, desde o lançamento do vinil *Não há barreiras*, a popularidade do cantor pelos estados do Nordeste Brasileiro avolumou-se grandemente deixando sua agenda com um número considerável de convites vindos dali, convites esses que perduram até os dias atuais.

Concordo com Flávio Lima Júnior, *manager* de Álvaro Tito, quando diz que "faltou um meio de campo" para intermediar a questão.

O que importa mesmo para o Reino de Deus é que o relacionamento entre o cantor e sua ex-gravadora mostra-se sem quaisquer rusgas – e não poderia ser diferente – prova disso foi a presença de Álvaro Tito no programa *Os arrebatados,* no dia 6 de junho de 2010, quando falou de detalhes e de projetos para sua carreira ao vivo no microfone da rádio *El Shaday FM*, emissora ligada ao grupo *MK de Comunicação.*

Interessantíssimo, nessa história, é que o tema posto em pauta no debate levado ao ar, na edição do programa *Os arrebatados*, no dia citado acima, em que Álvaro Tito esteve por lá, dizia: "Guardar mágoa é coisa de arrebatado?"

Acredito piamente que Deus proporciona essas oportunidades para que cristãos verdadeiros selem a paz em seus relacionamentos.

Aconteceram ainda as regravações de *Pelo sangue de Jesus*, de Álvaro Tito, e *Não há barreiras*, de Elvis Tavares, no disco Canções, *Eternas Canções, volume I* e também a inclusão de *Riqueza*, de Álvaro Tito, no *Canções, Eternas Canções, volume II,* ambos do intérprete Alex Gonzaga, com a chancela da *MK Music.*

Contribuindo com esta biografia, Alex Gonzaga deixou um pequeno comentário sobre Álvaro Tito:

> As coisas simples são as melhores. Ouvir o Álvaro é assim: simples, porém sofisticado. Talento e unção pura!
>
> Deus te abençoe.
>
> Seu fã e irmão em Cristo, Alex Gonzaga/Novo Som.

A balada pop *Queima Senhor*, de Álvaro, originária do CD *Cristo guerreia por mim*, integrou a coletânea *Louvor Pentecostal*, produzida pela *MK Music.*

Estão aí exemplos vivíssimos confirmadores de como é bom e suave que os irmãos vivam em união, pegando emprestado, aqui as palavras do Rei Davi no Salmo 133, que muito a propósito leva o título de *A excelência do amor fraternal.*

Para fechar o assunto com chave de ouro, gostaria de lembrar que no último pleito eletivo brasileiro, ocorrido em 2010, Álvaro Tito candidatou-se ao cargo de deputado estadual – antes, em 1988, concorreu para vereador – agora pelo Partido Social Cristão (PSC), sob o número eleitoral 20.621, amealhando apenas 2.230 votos, ficando em 374o lugar.

O fiasco nas urnas pode ter decepcionado o cantor e amigos seus, ombreados na campanha parlamentar, mas o "simples" fato de unir-se ao deputado federal Arolde de

Oliveira, idealizador do Grupo *MK de Comunicação*, ambos representado o Rio de Janeiro (Arolde, pela Câmara dos Deputados, em Brasília, e Álvaro, pela Assembleia Legislativa do Rio de Janeiro), para disputarem juntos, coligados, as cadeiras que almejavam, demonstra a disposição de ambos – enquanto professantes da fé cristã – em jogar por terra os abundantes casos do fenômeno chamado *leitmotiv* (ruptura de laços entre irmãos), como o foram os acontecidos e narrados na Bíblia, entre Caim e Abel; Isaque e Ismael; Lia e Raquel; Esaú e Jacó, José e seus irmãos.

Álvaro, Zezé e os filhos, enquanto residiram fora do Rio de Janeiro, ficaram por tempo mais prolongado na cidade de João Pessoa, capital da Paraíba.

A cidade em que moravam ficava distante do aeroporto cerca de uma hora e meia e os voos iniciavam-se somente às cinco horas da manhã.

Álvaro estava sem carro naquela ocasião.

Certo dia agendou um compromisso e precisava pegar o primeiro voo. A saída encontrada foi esperar pelo ônibus que passaria às 23 horas, ou seja, 11 horas da noite e dormir no aeroporto até que chegasse a hora da decolagem.

Antes que saísse de casa, Zezé juntou as crianças, colocando-as na janela para que visualizassem o pai no ponto de ônibus e acenassem para ele até que o coletivo passasse. Sem dúvida, tanto ela como os filhos, naquele instante demostravam todo o apoio e carinho ao esposo e pai.

Num dia 23 de dezembro, às portas do Natal, ainda morando na cidade de João Pessoa, a mesa da casa de Álvaro, Zezé e os filhos estava a zero e, ao que tudo indicava, sequer haveria ceia na noite natalina.

Em determinado momento, o telefone tocou e era um convite para Álvaro Tito cantar num evento beneficente pela passagem do aniversário de 2 anos do Hospital do Câncer, comemorado ali na Paraíba.

Inicialmente, Álvaro pensou em recusar o convite até mesmo porque não poderia vender seus discos, isso logicamene pelo caráter da festividade, e ainda por ter pouca gasolina no tanque do carro, pois temia ficar a pé no caminho.

Zezé insistiu com ele para que aceitasse e fosse à programação.

No dia seguinte, pela manhã, Zezé acordou e enquanto agradecia a Deus por mais um dia, tocaram o interfone para entregar uma linda cesta de natal repleta de produtos, enviada pela Primeira Igreja Batista da Paraíba, sendo acompanhada até por um buquê de flores, deixando-a feliz com a preocupação, com o zelo e o cuidado mais uma vez demonstrados por Deus para com quem o serve, não os deixando jamais ao desamparo.

O pastor Silas Malafaia, em sua obra *Licões de vencedor* faz uma reflexão interessante sobre as fases que enfrentamos na vida, lendo-se a seguir, o que diz o capítulo *O exemplo de um vaso escolhido*, no tópico *Contentamento em qualquer circunstância*:

Chama a atenção na biografia de Paulo o fato de que ele sabia viver sob qualquer situação. Veja como ele se descreve: “Sei estar abatido e sei também ter abundância; em toda a maneira e em todas as coisas estou instruído, tanto a ter fartura como a ter fome, tantoa ter abundância como padecer necessidade” (Filipenses 4:12).

Existem muitos crentes que precisam aprender a viver de acordo com as circunstâncias, sejam elas boas ou ruins. Ora, se antigamente dava para comprar uma roupa nova todo mês, e hoje nao dá mais, simplesmente não compre. Se antes o orçamento permitia férias anuais e hoje isso não é mais possível, fique em casa mesmo. Se há alguns anos você podia sair com a família para jantar fora, mas agora precisa cozinhar arroz e feijão, não murmure, mas tenha o coração agradecido.

A sensibilidade de Zezé aflorou naquele momento, ainda mais, pelo fato de ter perdido seu pai àquela época, o pastor José Gomes de Souza, ex-presidente da Convenção Evangélica das Assembleias de Deus no Estado do Rio de Janeiro, a CEADER.

Todos nós passamos por situações difíceis na vida. Jesus não disse que por segui-lo, viveríamos num mar de rosas, isentos de aflições, de acordo com suas próprias palavras em João, capítulo 16, versículo 33.

No entanto, aconselhou-nos que tivéssemos bom ânimo para alcançarmos a vitória.

Silas Daniel traz-nos uma boa reflexão acerca do tema, em sua obra *Habacuque – A vitória da fé em meio ao caos,* quando diz:

> Quando a crise chega, a melhor coisa a fazer não é partir logo para qualquer medida inédita, mas considerar o passado. Isso porque, só depois de nos assegurarmos do essencial, podemos partir para o novo; só após firmarmos bem nossas estacas, podemos ampliar a nossa tenda (...). Deus é imutável, portanto nada do que faz, por mais surpreendente que seja, ainda que coloque de cabeça para baixo muitas das nossas convicções, poderá contrariar aquilo que Ele já revelou sobre si mesmo.

Capítulo 18

Gravação do CD *Tempo de alegria*

Tempo de alegria é uma produção independente de Álvaro Tito, retratado na capa, ainda com bigode, datada do ano de 2000, produzida, quase que integralmente, em Pernambuco, quando o cantor fixou morada no Nordeste, e que foi negociada com o selo *Frank Records*, do Rio de Janeiro.

O título sugestivo do CD pelo menos inaugurava o retorno de Álvaro para o Rio de Janeiro, mas a sua associação musical com a *Frank Records* não deixou boas recordações, conforme entrevista do cantor ao jornalista Marcos Bin, postada no site Universo Musical.

O ábum é aberto com o *pop rock Canto aleluia*, de Olindina Ramos, ritmo conhecido também por *shakundum* ou *jaqueline*, como outros o apelidaram, sendo a música de letra simples e fácil de decorar, enquadrando-se no perfil das canções pentecostais cantadas pelas congregações, principalmente das igrejas assembleianas.

Já citei aqui que Álvaro gravou o grande sucesso *Riqueza* com sua irmã Elvira, no LP *Comunhão*. Dessa vez trouxe novamente Elvira como convidada de seu disco, cantando o *funk Eu quero vencer*, música de Álvaro.

Essa canção foi usada pelo cantor em dupla com a cantora Suely, na década de 80, portanto trata-se de uma reedição.

Álvaro e Elvira estão muito à vontade na interpretação de *Eu quero vencer*, tanto é que aproveitaram para "esbanjar" no improviso, sem nenhum medo de errar. Os irmãos até sorriem em meio à música!

A dobradinha veio invertida dessa vez. Enquanto na música *Riqueza*, do álbum *Comunhão*, Álvaro inicia cantando em *Eu quero vencer*, é Elvira quem comeca os trabalhos cantantes.

Certamente, Elvira não precisa provar que é uma ótima cantora.

Elvira, inclusive a posteriori, assinou contrato artístico com a *Frank Records*, no entanto, o CD *Vitória certa* – em oposição ao nome que o batiza – teve vida curta, embora seja um trabalho muito bonito, do qual destacamos a música *Estou aqui*, de Manoel S. O. Filho.

O ritmo *pop rock* retorna com *Jesus ama você*. A canção de letra reconfortante tem nuances sertanejas, para nós, brasileiros, e *country music* para os de fora, sendo conduzida pelo som gostoso duma viola e dum violão lindamente executados por Issac R.

A faixa ganhou a locação de um vídeo numa ilha de Itacuruçá, município pertencente a Mangaratiba, região da Costa Verde do Rio de Janeiro, sendo o *clip* produzido pelo premiado Beto Azevedo.

Analisando mais detidamente a profundidade do amor de Deus, levado pela letra de *Jesus ama você*, de Álvaro Tito, sempre a surpresa e a incompreensão falam forte: Como pode um amor tão grande por um ser tão miserável como eu?

Como já mencionei, cresci gostando de ouvir rádio AM, por pura "culpa" de meu pai (até hoje não deixei o vício!).

A rádio Relógio Federal, aqui do Rio de Janeiro, além de fornecer minuto a minuto a hora certa, tinha momentos intercalados em que pastores da igreja de Nova Vida faziam pequenas pregações, sempre fechando suas falas com o jargão "que Deus vos abençoe abundantemente!".

Passei por uma fase depressiva iniciada há cerca de um ano e ganhei de minha cunhada Ana Júlia (aquela de Brasília), o livro *O amor que desperta a vida – redescobrindo a alegria de viver,* sendo despertado, de cara, pela autoria: pastor Tito Oscar.

Ele era um daqueles pregadores da rádio Relógio.

Paginando a obra do pastor Tito – xará de nosso biografado – encontrei um novo prisma trazido por ele sobre o comportamento de Judas (o discípulo traidor) e que, ao mesmo tempo, reforça a temática de *Jesus ama você*, composta por Álvaro. Leiamos:

> A segunda coisa que descobri no texto de João está no v. 27: "Tão logo Judas comeu o pão, Satanás entrou nele". Nas antigas festas, molhar o pão e oferecer a alguém à mesa era uma forma de homenagear a pessoa. Nessa atitude de dar o bocado a Judas, posso adivinhar em Jesus talvez uma intenção de fazer voltar a ele a atenção dos demais discípulos. Quem sabe se até ajudá-lo?
>
> A essa altura acode-me uma pergunta muito séria. Será que, se o coração de Judas estivesse cheio de amor, Satanás teria entrado nele? Certamente que não. Com o coração tão vazio, ele só poderia estar sozinho, desvinculado. Faltava-lhe alguma coisa; talvez muito, ou quase tudo... pois se assim não fora, Satanás, repito, não teria se apossado dele, ao receber ele de Jesus o bocado de pão (...) Mas a Bíblia narra que ele lançou as moedas aos pés dos sacerdotes (...) Quem sabe se ficou sozinho, lamentando-se angustiadamente do que fizera? Por que, então, não terão ido procurá-lo os outros discípulos, instingando-o a abandonar a ideia de enforcar-se, tomando a decisão de voltar até Jesus e pedir-lhe perdão? Não perdoara o Mestre a Pedro? (...) A difícil lição que Jesus quis dar

àqueles homens indicando-lhes o traidor, para que fosse agora alvo de amor, eles não entenderam. Foi assim que o Mestre estabeleceu um novo mandamento. E este é o terceiro ponto que desejo mencionar – "Amem uns aos outros. Como eu vos amei, vocês devem amar-se uns aos outros".

Eu quero ver fogo aqui é mais uma oração que acontece no repertório de Álvaro. Nessa letra o cantor testemunha sobre as maravilhas que o Senhor opera no meio daqueles que o buscam por meio de uma prece com o coração contrito.

Quando o refrão traz-nos o vocativo "*Deus, eu quero ver fogo aqui...*" não há como dissociarmos esse pedido do episódio envolvendo o profeta Elias, no Monte Carmelo.

Depois de gravar a canção romântica *Mais que perfeito* (Ed Wilson/Elvis Tavares), no LP *Você comigo*, Álvaro resolve regravar duas outras músicas românticas de Ed Wilson, nosso saudoso e inesquecível amigo, que são a *Nosso amor* (Ed Wilson/ Joran) e *Te amo tanto*, de Ed Wilson e Solange de César, sendo que ambas foram *hits* na voz do próprio Ed Wilson, em seus tempos de contrato com a casa *Line Records.*

Pelo jeito, a temática de *Love is in the air,* sucesso de *Paul Young*, em 1978, era algo bem vivo na vida de Álvaro.

Essas regravações servem como indicativo da versatilidade de Álvaro Tito, reforçando o dom que Deus o tem dado desde bem cedo. Mais à frente, veremos que até xote ele gravou.

Os irmãos Álvaro e Elvira juntaram-se uma vez mais no CD *Jesus ama você*, agora com o intuito claro de prestar uma homenagem ao pai. É assim que "duelam" na valseada *O navegante*, de autoria do pastor Jorge Severiano e que esteve registrada no vinil *Meu ser para Cristo*, trabalho inicial de Álvaro, em 1982.

A música-título *Tempo de alegria, disco music* composta por Álvaro, aborda o livro das Revelações de Jesus Cristo ao apóstolo João, enquanto este se encontrava aprisionado na Ilha de Patmos, em virtude de sua declarada fé cristã.

Geralmente, a maioria das obras musicais evangélicas que buscam inspiração no livro do Apocalipse o fazem transportando para a letra da melodia um misto de mistério e medo e, por vezes, repassando aos desavisados e faltosos no exame da palavra de Deus, receio desmedido do assunto "juízo final".

Para os que levam a certeza no coração de que Jesus é seu resgatador fiel, cito João 5, versículo 24, que diz: "Em verdade, em verdade vos digo: quem ouve a minha palavra e crê naquele que me enviou tem a vida eterna, não entra em juízo, mas passou da morte para a vida".

Destarte, Álvaro fez o caminho inverso na música que abriu o CD, abraçando o estilo alegre e dançante presente em *Let's groove*, do Earth, Wind and Fire, afastando o estigma – pelo menos na música – de que o Apocalipse é um livro facilmente enquadrado nos filmes do estilo *thriller*, como *A profecia.*

Vale a lembrança da letra de *Tempo de alegria.*

Tempo de alegria

(Álvaro tito/Efrata Music Ed.)

É tempo de alegria
Jesus Cristo está voltando
É tempo de alegria
Jesus Cristo está chegando

Eis que venho sem demora
Diz Apocalipse três
Jesus Cristo rei agora de uma vez
A biblia sagrada cumpre cada dia mais e mais
O cristão fiel a diferença faz

É o tempo da colheita
Cada dia mais e mais
O cristão fiel a diferença faz
Novos céus e terra aguardam os fiéis em Deus

Para se ter uma comprovação cabal disso, os mais velhos hão de se lembrar das composições do querido Elson Rodrigues, cognominado de "O cantor do Apocalipse".

Conheço amigos que me confessaram que quando criança temiam e tremiam ouvindo Elson Rodrigues dizer na música: "João viu a besta que subiu do mar, vinha furiosa, pronta pra lutar...".

Outros, levados pelo mesmo motivo, ouviram uma única vez o LP *A última trombeta*, de 1968, excelente trabalho produzido pela gravadora *Louvores do coração*, com a direção de Jônathas de Freitas (*in memoriam*) e que tinha a narração de um locutor da antiga rádio São Paulo, mas que infelizmente não teve seu nome registrado nos créditos do disco.

O técnico de som do vinil foi Diogo Ávila, no estúdio *Publisol*. Aquele mesmo Diogo dos discos iniciais de Álvaro Tito, nos anos 80 e que já ostentava uma idade avançada.

Vale a pena conferir – em nome da memória – a letra de *Visão do sinal da besta*.

Visão do sinal da besta
(Elson Rodrigues/Efrata Music Ed.)

João viu a besta que subiu do mar
Vinha furiosa pronta pra lutar
Ai dos povos que estão na Terra
Falam-se em guerra
Quem suportará?
A Besta irá testar a todos querendo tragar
Quem crer em Jesus Cristo
A besta fera não verá.

O juízo final se aproxima vamos olhar para cima
Jesus quer te salvar
O juízo final se aproxima vamos olhar para cima
Jesus breve virá.

João viu a besta que subiu da terra
Abrindo a boca e blasfemando
Contra Deus tenta lutar
Ai dos povos que o milênio alcançar
Falam-se em guerra
O mundo vai chorar
A besta se preparou para a guerra começar
Quem crer em Jesus Cristo
O sinal da besta não terá.

João viu a besta que subiu do mar
Vinha furiosa e saiu para enganar
Ai! dos povos que o filho de Deus rejeitaram
Falam-se em guerra que tristeza que horror
A besta faz um sinal
Faz cair fogo do céu
Cuidado com a testa e a mão
É o sinal da besta meu irmão.

Mas, essa espécie de receio ao tema transcrito no livro do Apocalipse de João não fica restrito somente a alguns evangélicos.

O cantor Roberto Carlos, por exemplo, lançou em 1986, pela *Sony Music*, o LP *Apocalipse*.

Primeiro detalhe sobre a música: ela bateu todos os recordes de execução em um só dia, com 3.608 execuções, das 7 horas da manhã às 7 da noite, ou seja, num período de 12 horas

Ganhei inclusive esse disco de presente de aniversário, da cantora Suely, naquela época – lá se vão uns 30 anos – isso porque " tenho a sorte" de aniversariar no dia 21 de dezembro, nas portas do Natal.

Lembro-me de que era a música de trabalho do LP, mas teve gente não evangélica que achou um tanto assustadora a letra da canção. Depois disso, a frequência de execução dela diminuiu nos *dials* das rádios de *Amplitude Modulation*, as famosas AM.

Vale a lembrança da letra de *Apocalipse*.

Apocalipse
(Roberto Carlos/Amigos/Erasmo Carlos/Ecra)

Perto do fim do mundo
Como negar o fato
Como pedir socorro
Como saber exato
O pouco tempo
Que resta
Só vai sobrar
O que presta

Perto do fim do mundo
Quem quer correr não pode
Onde há fumaça, há fogo
Quando a verdade explode

Muitos não querem ver
Mentes em eclipse
Mas tudo está escrito
No apocalipse

Olho os jornais e estremeço
Todo final tem seu começo
Taças amargas derramadas
Profecias confirmadas

Alertam que é o fim da estrada
Tempo de dor falta de amor

Perto do fim do mundo
Drogas num mar sem porto
A violência, o crime
Na aprovação do aborto

Por tudo isso
Se a terra treme
Só quem não deve
Não teme

Pra quem seguir Seus passos
E o Seu amor profundo
Ele virá trazendo
A luz de um novo mundo

Perto do fim do mundo
Como negar o fato...
Perto do fim do mundo
Quando a verdade explode...

Quando Álvaro menciona o capítulo 3, versículo 11, do livro de Apocalipse, interessa-nos frisar que o alerta é passado à igreja em Filadélfia (o nome significa "amor fraternal"), no sentido de que vigiasse para que ninguém tomasse sua coroa, servindo-nos individualmente esse aviso.

Álvaro regravou tambem *Voz do coração* e, analisando como autor da obra, fiquei mais impressionado com essa segunda versão dela, achando que ele foi felicíssimo na interpretação principalmente quando deixa de ser acompanhado pelo piano de Joás Santos, soltando um grito no ar, sob os efeitos de um *delay*, como que convocando os demais instrumentos e o *backing vocal* a juntarem-se a ele.

Regravou também a canção *Brilha*, de Álvaro Tito e Elvis Tavares, que veio embalada pelo saxofone de Sérgio Lima, à lá Kenny G, e num ritmo um pouco mais acelerado que o da gravação original, do disco *Comunhão*, pela *Polygram*, nos anos 80.

A execução desenrola-se até que o saxofone emudece, a música vai terminando, não sem antes de ficar, somente, sob o sampler da bateria.

A interjeição "hum" dita no refrão original, depois da frase "mesmo que derrotas", permaneceu.

A lamentar apenas a supressão do nome do coautor da obra, nos créditos do CD. Mas isso lamentavelmente sempre foi uma "marca registrada" na maioria das produções em disco evangélico de nosso país.

Vamos levantar nossa voz é uma melodia *funkeada* tirada em tom menor e que conclama os cristãos a permanecerem unidos em oração para não serem abatidos pelas ciladas armadas pelo inimigo maior de nossas almas.

A batalha abordada por Álvaro em *Vamos levantar nossa voz* é ricamente vivenciada no romance de Frank Perreti, intitulado *Este mundo tenebroso.*

Em *Vamos levantar nossa voz*, a tônica literal está em buscar, incessantemente, a Deus em oração, conforme o texto de 1 Tessalonicenses, capítulo 5, versiculo 17, sendo ainda essa temática reforçada pelas palavras marcantes de Tiago, capítulo 5, versículo 16, pois realmente a oração do justo pode muito em seus efeitos.

De acordo com as palavras do cantor, passadas em entrevista ao site Universo Musical, o álbum *Tempo de alegria* – em oposição ao nome que leva o CD – teve pouca repercussão no meio do *gospel* nacional, isso pela divulgação e distribuição diminutas, mesmo assim beirou a cifra de 40 mil cópias vendidas.

Diz o velho jargão comercial que a propaganda é a alma do negócio. Se nao houver publicidade, o consumidor dificilmente saberá da existência de determinado produto no mercado principalmente num país de dimensões continentais, como o é Brasil, e que tem em Álvaro Tito, em sentido lato, uma figura bastante conhecida pelas igrejas espalhadas pelo solo nacional.

Uma das ferramentas utilizadas atualmente como publicidade e divulgação é a colocação de *outdoor* em locais estratégicos.

Se buscarmos na fonte das fontes, ou seja, na Bíblia Sagrada, veremos no livro do profeta Habacuque, capítulo 2, versículo 2, a formação do protótipo, do primeiro embrião do *outdoor*, quando o Senhor disse ao profeta: "Escreve a visão, grava-a sobre tábuas, para que a possa ler até quem passa correndo".

Capítulo 19

Gravação do CD *Levanta-te*

Em 1996, foi criada a gravadora *Top Gospel*, situada na Barra da Tijuca, com vínculo às Organizações Francisco Silva, proprietário da rádio Melodia FM.

O *casting* tinha grandes personalidades da música *gospel*, como Chris Duran, Marcos Góes, Wanderley Cardoso, Ed Wilson, Sérgio Lopes, Claudinho Maciel, Gisele Nascimento, Beatriz, Os levitas, Adriana Maia, Álvaro Tito, Mattos Nascimento, entre outros.

A intenção da gravadora foi inédita no mercado fonográfico: trouxe todos os discos ao valor de R$ 6,90 (seis reais e noventa centavos), sendo este valor fixado na capa dos CDs, numa tentativa inovadora de combate à praga da pirataria.

Wanderley Cardoso e Beatriz, por exemplo, receberam a premiação de disco de ouro pela vendagem de seus discos. Wanderley vendeu 100 mil cópias do CD *Agora sou feliz*, enquanto Beatriz, com o álbum *A glória da segunda casa*, alcançou a cifra de 50 mil cópias (quantidade pós-estabelecida pela Associação Brasleira de Produtores de Disco – ABPD), como suficiente para o prêmio, isso já em virtude dos efeitos corrosivos da pirataria.

Com essa proposta revolucionária, a *Top Gospel* pôs à disposição do público excelentes produções e o melhor de tudo, a baixo custo.

Porém alguma coisa degringolou no caminho, haja vista que o projeto tinha tudo para alçar altos voos, mas não decolou.

Álvaro Tito estava há cerca de dois anos sem gravar um trabalho com músicas inéditas, e a chance apareceu, em 2002, com a assinatura do contrato com a *Top Gospel*.

A música de abertura do CD emplacou logo: *Levanta-te*, de autoria de Álvaro. O enredo passeia pela saga do paralítico que esperava há 38 anos à beira do Tanque de Betesda (que quer dizer, em hebraico, "casa de misericórdia").

A entrada marcante de uma orquestra de violinos na introdução já prenunciava o que a música traria para os ouvidos. A narrativa contada por João, em seu capítulo 5, é cantada em *Levanta-te* com extrema dose de ternura, que por seu turno é passada pela harmonia externada pelos acordes da canção.

O Senhor é a força, também de Álvaro, confirma sua predileção por alguns ritmos como o *funk americano*. E neles as guitarras, os contrabaixos e as percussões "deitam e rolam", sem desprezar-se as cordas, que aparecem nessa música de maneira bem vibrante.

Vi diversas apresentações de Álvaro Tito nesses quase 30 anos em que está no *show business* da música *gospel* e em muitas delas, nos intervalos de algumas canções, citava ao público, as palavras de Provérbios, capítulo 8, versículo 17 *(Eu amo os que me amam, e os que de madrugada me buscam, me acharão)*.

Na obra *O Senhor é a força*, o versículo em questão constitui parte da segunda estrofe.

Já *Isso não é vida* é iniciada pelo baterista Valmir Bessa, fazendo uso do rudimento *flam*, ou seja, quando uma das baquetas bate antes da outra na caixa.

Lembrando que Valmir Bessa é integrante da Banda Quatro por Um, artista da *MK Music*.

A linguagem utilizada na construção da letra da música é comum aos que estão entregues ao acaso da vida e sem perspectiva de melhoria, única e exclusivamente, por trilharem caminhos opostos ao traçado para o homem viver bem, conforme o texto de Isaías, capítulo 1, versículo 19, dizendo ao ser que humano que "se quiserdes e me ouvirdes, comereis o bem desta terra".

Eis uma novidade neste CD de Álvaro: a gravação de uma guarânia chamada *Quando o crente ora* composta por seu *dear father*, o pastor Jorge Severiano.

A guarânia é um estilo de música paraguaia e foi criada em Assunção pelo músico *José Flores*, em 1925, e geralmente é escrita em tom menor.

Uma das mais famosas guarânias evangélicas, introduzida no Brasil, intitula-se *Vision pastoral*, conhecida como *Cem ovelhas*, de autoria do Reverendo mexicano *Juan Romero* (provando, assim, a difusão da guarânia pelas Américas).

A minha suspeição é novamente erigida ao comentar (ou ter a ousadia de) uma letra do pastor Jorge Severiano.

Quando o crente ora, que é a música do CD preferida da Milena, minha esposa, define o amolecimento – permita-me o termo – do coração de Deus ouvindo a súplica de um filho seu. Somos reerguidos pelo Pai, nessas horas, revivendo a certeza, que a nós é dada, de que não nos vem provação que não possamos suportar, vide 1 Coríntios, capítulo 10, versículo 13.

A guitarra de Pablo Chies aumenta o volume de "tristeza" e "melancolia", tão característicos nas guarânias.

Aventura é uma autêntica cancão jazzística romântica, que nos remete ao mestre do jazz, B.B. King, embalada – como que embalando a uma criança – pelo solo do sax tenor de Marcos Bonfim.

O *jazz* foi criado pelos negros americanos de New Orleans, provavelmente, no início do século XX, sendo os metais, as palhetas e as baterias, instrumentos musicais básicos em seu uso. E esses ingredientes podem ser verificados em *Aventura*, de autoria de Daniel Gomes, cunhado de Álvaro.

De cara, ouve-se a execução da "vassourinha" – batida da baqueta na pele da caixa da bateria – tão característica no *jazz*. Depois a música migra para um *blues*, fazendo uma fusão de ritmos.

Às vezes, a impressão que temos de que um intérprete para ser considerado como cantor de expressão é necessário que alcance dós-de-peito como os do italiano Luciano Pavarotti (falecido em 2007); ou os agudos que o falecido Jessé (falecido em 1993) alcançava, cantado *Porto solidão* e/ou *Rude cruz (Old rugged cross)*, escrita por George Bennard ou ainda, trazendo para um exemplo mais caseiro, que seja um tenor, com voz possante como a de Ozeias de Paula.

A voz de Álvaro é pródiga nos agudos, saindo-se com relativa tranquilidade nos tons graves.

Preciso mencionar o cantor baiano João Gilberto, intérprete do samba-canção *Wave*, que apesar da voz considerada pequena, consegue colocá-la na música de forma inigualável. O falecido maestro Tom Jobim definiu João Gilberto com as seguintes palavras: "Quando João se acompanha, o violão é ele, quando a orquestra o acompanha, a orquestra é ele".

Cito os artistas acima para ratificar que Álvaro Tito mostrou que os anos lhe trouxeram mais experiência na arte de interpretar e isso está vivíssimo na música *Aventura*, que olhando de fora, pode aparentar facilidade em ser cantada.

Olindina Ramos, mãe de Álvaro, é daquelas compositoras que mantém o estilo, oferecendo, *ab initio*, ao ouvinte de suas canções, a oportunidade de identificação do autor, a julgar por seu modo de compor.

Preciso de ti, sexta faixa do CD *Levanta-te*, confirma essa possibilidade. A letra de conteúdo simples é na verdade uma manifesta adoração a Deus e a confissão de querer usufruir constantemente da presença de Jesus Cristo.

Os domésticos da fé são representados também no disco da *Top Gospel*, por Manoel S. O. Filho, na maravihosa melodia *Jesus prometeu*. Bem no jeitão de Nenel, *Jesus prometeu* apresenta uma semelhança, em sua formulação literal, com o *single Comunhão*, gravado no LP homônimo, no encerramento dos anos 80, pela vetusta *Polygram*.

Em *Comunhão*, a primeira frase é: "Disse Jesus: Paz seja convosco...". Já em *Jesus prometeu*, temos: "Jesus prometeu: Eis que cedo venho com meu galardão...".

O autor vale-se de trechos bíblicos para escrever algumas de suas canções, obedecendo à risca a estrutura com que são relatados nas Escrituras.

Jesus prometeu tem cerca de 30 anos de vida, pois foi escrita na década de 80, sendo gravada somente no ano de 2002, por Álvaro, que não esquece de nossas músicas, podendo inseri-las numa produção sua quando menos esperemos que tal fato aconteça.

Álvaro reuniu toda a família e vários amigos para formar um grande coral, no amplo *Multi Stúdio* ("amplo", "Multi" – santa redundância!) na Rua Paulo Mazzuchelli, na Barra da Tijuca, dando um toque especialíssimo à música.

O *reggae*, marca registrada nas produções da Banda & Voz, apareceu pela primeira vez, num disco de Álvaro Tito, justamente pela gravadora *Top gospel*.

A obra *Vem pra Cristo*, escrita pelo cantor e que não "veio ao mundo" como *reggae*, foi escrita nos anos 80 para uso pelo (nosso) conjunto Sublime Louvor.

Movido por aqueles *insights* produtivos, eis que Álvaro promove uma verdadeira metamorfose na música, adicionando todos aqueles ingredientes comuns aos reggaes (sempre com bateria e baixo em primeiro plano).

Interessante é dizer que o divulgador maior do ritmo *reggae* pelo mundo foi o jamaicano Bob Marley, falecido em 1981, vitimado de câncer.

O cantor "regueiro" foi, por um tempo, seguidor do movimento *rastafari* que proclamava o imperador etíope Hailê Selassié como a representação terrena de Deus, uma espécie de Messias para os etíopes.

O idealismo do movimento concentrava-se basicamente no retorno do povo africano às suas origens, libertando-os de seus colonos e opressores.

Em 1978, Bob Marley apresentou-se na África, na festa de independência do Zimbábue, depois da libertação do país da colonização inglesa.

No entanto, Marley não ficou feliz com o quadro que viu no país, passando a crer que Hailê Selassié, na realidade, não passava de um ditador e que as nações africanas continuavam sofrendo com infindáveis guerrilhas entre as mais diversas tribos que povoavam o continente.

Essa menção à Etiópia remete-nos ao episódio anunciado em Atos, capítulo 8, entre Felipe e o eunuco que era alto oficial do reino etíope, e que lia o profeta Isaías, sem entender nada, havendo ainda outras citações ao país africano no Velho Testamento.

Existem algumas versões que dão conta que se convertera ao evangelho.

Antes de sua morte, na presença de sua esposa Rita Marley, no leito do hospital, agonizando de dor, estendeu a mão ao céu, dizendo: "Me leve Senhor Jesus Cristo!".

Enfim, sabemos que o ladrão da cruz reconheceu Jesus como seu Senhor e salvou-se à última hora.

Dois anos antes de falecer, Bob Marley compôs o *reggae Survival* (Sobrevivência), cuja letra reproduzo para o leitor.

Sobrevivência *(Survival)*
(Bob Marley/Blue Mountain Ed.)

Como você pode estar sentado lá
Me dizendo que se importa
Quando toda vez que eu olho ao redor
As pessoas estão sofrendo
De todas as formas, em todo lugar

Nós somos sobreviventes
Sim, a sobrevivência negra

Vou te dizer uma coisa
Algumas pessoas têm tudo
Algumas pessoas têm nada
Algumas pessoas têm esperanças e sonhos
Algumas pessoas têm modos e meios

Nós somos sobreviventes
Sim, a sobrevivência negra
Sim, nós somos sobreviventes
Assim como Daniel na cova dos leões, sobreviventes, sobreviventes

Então, meus irmãos e minhas irmãs
Que caminho nós escolheremos?
Melhor nos apressarmos, apresse-se agora
Porque não temos tempo a perder

Algumas pessoas têm fatos e demandas
Algumas pessoas têm orgulho e vergonha
Algumas pessoas têm os planos e os esquemas
Algumas pessoas não têm nenhum objetivo, parece

Nós somos sobreviventes
Sim, a sobrevivência negra
Nós somos sobreviventes
Sim, a sobrevivência negra
Somos sobreviventes
Como Sadraque, Mesaque e Abdenego
Arremessados ao fogo, mas nunca queimaremos

Então, meus irmãos e minhas irmãs
A pregação e a conversa acabaram
Nós temos que viver agora

Pois, o tempo do Pai chegou
Algumas pessoas dão o melhor de si
Algumas pessoas guardam o melhor dentro de si
Algumas pessoas não aguentam firme
Algumas pessoas não esperarão por muito tempo

Nós somos sobreviventes, a sobrevivência negra
Nesta era de tecnologia desumana
Nós somos sobreviventes, a sobrevivência negra
Atrocidades científicas, nós somos sobreviventes
Filosofias atômicas, nós somos sobreviventes
Energia nuclear
Este é um mundo que força uma longa vida insegura
Todos juntos somos sobreviventes
Sim! a sobrevivência negra

Um bom homem nunca é honrado em seu próprio país
A sobrevivência negra
Nada muda, nunca estranho
Nós temos que sobreviver, nós temos que sobreviver
Mas viva como um semelhante aos olhos do Todo-Poderoso

Vem pra Cristo também é um *reggae* de testemunho do que Deus pode fazer nas nossas vidas quando o aceitamos. Esta é a proposta bem transmitida pelo estilo de música difundido por Bob Marley e que Álvaro interpretou tão bem.

Lembrete 1: a querida Banda & Voz regravou, recentemente, o *hit Não há barreiras*, como não poderia deixar de ser, no ritmo *reggae*, que é, tradicionalmente, usado pela B&V, como o foi na contagiante *Jesus é bom à beça*, *reggae* de autoria de Natan Brito (Euterpe Editora), contido no LP *A paz é possível*, de 1987.

Lembrete 2: a expressão "à beça" originou-se das qualidades do advogado sergipano (conterrâneo do meu pai), Gumercindo Bessa, que representou os acreanos na lide processual, vencendo o embate – tendo do outro lado, ninguém menos que Rui Barbosa, o Águia de Haia – que representava os amazonenses.

A questão do Acre, como ficou conhecida, versava sobre a oposição deles na possibilidade de que seu território (nem é mais território!) fosse incorporado ao Estado do Amazonas.

Com o tempo, os "esses" e o "B" maiúsculo de Bessa caíram em desuso.

Para o leitor mais antigo do Rio de Janeiro lembrar, existia um supermercado com o *slogan* "Mar e Terra serve bem à beça!". Fui longe agora, hein?

No Salmo 91, em seu versículo 11, consta que "ao seus anjos dará ordem a teu respeito, para que te guardem em todos os teus caminhos". Ouvindo a canção *Exércitos de anjos*, a nona música do CD *Levanta-te*, relembramos o episódio vivido por Elizeu e seu servo, quando se encontravam cercados pelo exército sírio.

O desespero saltava aos olhos do moço que questionava ao profeta sobre que providência haveriam de tomar.

Elizeu procurou acalmar-lhe, pedindo que não temesse porque os que estavam com eles eram mais numerosos do que os que estavam com os sírios.

Os olhos do servo foram abertos depois de Elizeu orar a Deus, nesse intento, e ele pôde, enfim, contemplar o exército de anjos, com o monte cheio de carros e cavaleiros, conforme prescrição no livro de 2 Reis, capítulo 6, versículos 15 ao 17.

Nossos olhos naturais podem não visualizar os exércitos que o Senhor dispensa para nossa proteção constante. Devemos descansar n'Ele, pois Ele está diuturnamente cuidando de nós.

Reuni-me com Marcelo para compor e quis fazer uma batida *fankeada* para a música *Quem te salvará.*

De cara entrei por Isaías 43, versículo 11 – geralmente eu sou mais letra e Marcelo, mais música – inspirando-me na salvação que somente Deus pode conceder.

Nesse capítulo da Bíblia, intitulado *Só Deus resgata Israel*, pode-se reafirmar quão zeloso é o Senhor para com nossas vidas. Descendo um pouquinho até o versículo 25, o vernáculo humano jamais poderá definir tamanha manifestação de amor: "Eu, eu mesmo, sou o que apago as tuas transgressões por amor de mim e dos teus pecados não me lembro".

Confirmando as falhas que vêm desde os primeiros vinis fabricados na música *gospel* nacional, fiquei um tanto frustrado por ver somente meu nome nos créditos digitados no encarte do disco.

Fiz contato com a gravadora para que a desinformação fosse corrigida, mas, pelo que pude perceber, a *Top Gospel* cessou suas atividades, pelo menos temporariamente, e a reparação não ocorreu.

Enderecei, então, um *e-mail* para o Escritótio Central de Arrecadação e Distribuição de Direitos Autorais, o ECAD, por meio da associação musical da qual somos vinculados e o cadastro foi corrigido, cumprindo o previsto no artigo 24, inciso II, da Lei Autoral, que diz, resumidamente, que são direitos morais do autor o de ter seu nome indicado na utilização de sua obra.

Questões de paternidade autoral à parte, Álvaro preparava o repertório do CD *Levanta-te* e eu não tinha pensado ainda nas músicas para mostrá-lo.

Nem precisei! Como disse anteriormente, linhas atrás, as canções dos "domésticos da fé" de Álvaro – e que ele já as conhece – podem, a qualquer tempo, serem alçadas ao seu repertório.

Com *Quem te salvará* o fato repetiu-se. Eu estava preparando um trabalho em disco com a intenção de fazer dupla com amigos-cantores que chamaria para a conhecida "participação especial". Álvaro chegou a colocar a voz-guia comigo, no estúdio *Nosso som*, em Nilópolis, Baixada Fluminense do Rio, estúdio este dirigido pelo baixista Ferrinho (ex-componente da Banda Brasil), irmão do forrozeiro de Deus, Vino Santos, autor de *Jacó segurou o anjo*.

Na levada que Álvaro pôs em *Quem te salvará*, o *soul* venceu o *funk* (a guitarra de Pablo Chies passa bem essa influência *bibikinguiniana*). Ficou mais para *Feels like heaven*, sucesso de Al Jarreau, muito embora o cantor seja um famoso mesclador de soul, *jazz* e *rhytms and blues*, assim como também o é o próprio Álvaro.

Gostei muito da metamorfose rítmica operada por Álvaro em *Quem te salvará*, estendo este gostar até ao *sampler* da bateria, no finalzinho.

Na minha concepção, a balada *pop Patrimônio* é uma das composições mais lindas que Álvaro escreveu. Acho até que merecia melhor sorte na sua divulgação. A abordagem do texto da cancão é centrada na parábola sobre a avareza humana, descrita em Lucas, capítulo 12.

Ninguém pode dizer que Álvaro Tito não constrói suas letras ou que não grava músicas com conteúdo fulcrado na

Palavra de Deus. Credito, inclusive, isso como o fator preponderante para que irmãos espalhados por todo o território nacional não tenham esquecido-se das várias músicas do cantor, mesmo que a maioria esmagadora de seus trabalhos não sejam mais fabricados pelas gravadoras de origem, tampouco executados nas rádios por motivos diversos.

A letra de *Patrimônio* é um alerta a todos nós para que não coloquemos nossa vida em tesouros materiais como se a vida terrena tivesse mais valor que a eterna.

Fechamos o CD *Levanta-te* com uma "antítese" ao título: *Desce à casa do oleiro*, escrita por Álvaro. O tema constante de Jeremias, capítulo 18, é costumeiramente explorado nas melodias evangélicas, bem como nos sermões dos pastores, logicamente por ser uma história emblemática narrada pelas Escrituras, e que tem no arrependimento a chave para o refazimento integral do ser humano por seu Criador partindo do zero (versículos 4, 5 e 6).

Por muito tempo, cantamos a canção *Vaso novo* (*Eu quero ser, Senhor amado, como um vaso na mão do oleiro...*), escrita pelo pastor Newton Tuller, há mais de 50 anos e conhecida em mais de 190 países do mundo, incluída, por exemplo, no LP *Louvor II*, de 1980, do querido (e pioneiro) Vencedores por Cristo, nosso excepcional VPC, cuja atividade musical deu-se em 1968.

O amigo Marcos Góes também meditou sobre Jeremias e escreveu a lindíssima balada *pop Vaso de barro*, gravada no CD *De mim para o meu Deus... Do meu Deus para mim*, pela *Top Gospel*, sendo, portanto, contemporâneo de Álvaro, na gravadora.

O querido pastor Caio Fábio, em sua obra *No divã de Deus – Volume III*, no capítulo *Apostando no futuro*, descreve Jeremias, o profeta chorão em estado depressivo ouvindo a voz de Deus, logo após testemunhar um oleiro no seu ofício. Diz o trecho:

Porém, o oleiro não desiste do barro: torna a pegá-lo, bate, soca, umedece, espreme e reinicia a obra, de modo que ele vai ganhando forma, dando origem a um novo vaso, resultado de outro projeto do persistente oleiro, que sofistica o barro e o transforma num vaso ainda mais maravilhoso do que seria o primeiro, desenhando-lhe símbolos, figuras, imaginando-lhe projeções. Depois disto tudo, leva-o ao forno e, mais uma vez pronto, põe na prateleira.

Aturdido, depois de testemunhar todo aquele processo, Jeremias ouve a voz de Deus, que lhe diz:

"Jeremias, se o oleiro não desistiu do barro que estragou nas suas mãos, você acredita que vou desistir do meu povo, só porque não deu certo numa primeira tentativa? Eu não sou Deus de entregar os pontos! Eu creio nos meus sonhos divinos. Tenho poder para insistir naquilo que se estragou, transformá-lo numa outra coisa. Vá para casa, enxugue as lágrimas, levante a cabeça e olhe para frente".

Uma curiosidade: na primeira estrofe, Álvaro, ao letrar a canção, inseriu a palavra "esmero" e corretamente pronunciou a sílaba "me", do referido substantivo abstrato, com o som da letra "e", fechado.

Já o poeta e renomado compositor da Música Popular Brasileira, Vinícius de Moraes (falecido em 1980), ao escrever a valsa infantil, *A casa (Era uma casa muito engraçada, não tinha teto, não tinha nada...)*, de autoria de Toquinho e Vinícius de Moraes, utilizou-se da palavra "esmero", usando a sílaba "me" com o som da letra "e", aberto, porém acredito que, pelo domínio da língua portuguesa que detinha, resolveu – ou resolveram – lançar mão da licenciatura poética para obter uma rima ideal para a palavra "zero".

Cabe lembrar que as vogais são: A, E (com som fechado), I, O (com som fechado), U.

Confira a sequência do álbum *Levanta-te*.

1. *Levanta-te* (Álvaro Tito)
2. *O Senhor é a força* (Álvaro Tito)
3. *Isso não é vida* (Álvaro Tito)
4. *Quando o crente ora* (Jorge Severiano)
5. *Aventura* (Daniel Gomes)
6. *Preciso de Ti* (Olindina Ramos)
7. *Jesus prometeu* (Manoel S. O. Filho)
8. *Vem pra Cristo* (Álvaro Tito)
9. *Exército de anjos* (Álvaro Tito)
10. *Quem te salvará* (Marcelo Tavares/Elvis Tavares)
11. *Patrimônio* (Álvaro Tito)
12. *Desce à casa do oleiro* (Álvaro Tito)

A concepção da parte gráfica do CD *Levanta-te* foi toda idealizada por Zezé. Álvaro manteve o bigode. O cabelo ao melhor estilo do ex-jogador do Vasco, Viola, com nuances, no corte capilar, remissivas à turma da portentosa *National Basketball Association*, a *NBA*.

Álvaro deixou-se fotografar pelas ruas da Barra da Tijuca, com uma vestimenta bem despojada, durante uma noite bem bonita no Rio de Janeiro.

Um livramento de Deus: na época em que o CD *Levanta-te* era novidade, Álvaro, Zezé, Álvaro Júnior e Gabriella, estiveram em nosso apartamento, no bairro Pechincha, em Jacarepaguá.

Júnior, então com uns 13 anos, juntou-se a Lucas, meu filho mais novo que contava com seus 6 anos de idade, e começaram a correr e a brincar pela casa. Estava quente naquele dia (lugar-comum no RJ!).

Morávamos no sétimo andar e, em virtude daquele calorão que fazia, colocamos um circulador de ar, daqueles com maior dimensão, posicionado próximo à janela, de modo que puxasse o vento de fora para dentro.

De repente, durante a brincadeira, os meninos esbarraram no cabo de alimentação do circulador, soltando-o da tomada, fazendo com que o eletrodoméstico caísse daquela altura.

Todos nós ficamos atônitos! Eu particularmente pensei logo: "Senhor, se caiu sobre alguém...!".

O circulador espatifou-se na calçada do condomínio, momento em que um funcionário do prédio passava. Imagine o leitor que, com o efeito da gravidade puxando-o para baixo, o aparelho ganhara mais peso do que possuía.

Deus, porém, mantendo seu *modus operandi* – desde que Ele é Ele – operou um milagre ali, concentrando todos os fragmentos do circulador num canto único da calçada, não deixando que ninguém fosse atingido. Na verdade, nem deixou que os cacos "circulassem".

Ainda sobre a *Top Gospel*, infelizmente, dia desses, estive com a família na *pizzaria Parmê*, que fica no Largo da Barra da Tijuca, esquina com a Rua Paulo Mazzuchelli, e levei um susto, quando deixei o carro com o manobrista da *pizzaria* e, ao olhar para o imóvel onde ficava o *Multi Stúdio*, deparei-me com um terreno baldio, cheio de entulhos e escombros.

Curioso, perguntei ao empregado da *Parmê*, se sabia o que havia ocorrido com a gravadora *Top Gospel* que funcionava ali, tendo a resposta de que máquinas teriam posto o prédio abaixo, deixando-me lamentoso sobre a retirada de excelentes produções fonográficas do mercado, como os CDs *Levanta-te*, de Álvaro Tito, *De mim para o meu Deus, do meu Deus para mim*, de Marcos Góes e Fé e vitória, de Ed Wilson, citando três deles.

No ano de 2004, Álvaro Tito inaugurou uma parceria com o cantor Chrigor, *ex-crooner* do grupo Exaltasamba, ocasião em que ele e Álvaro escreveram juntos a canção Vontade de você para o álbum *Trilha sonora*, de Chrigor, uma produção independente – não confundir com *Vontade de viver*, de Manoel S. O. Filho.

A admiração de Chrigor, que nasceu em lar evangélico, por Álvaro Tito iniciou-se quando o cantor paulista estava afastado dos caminhos de Deus.

Numa dessas ocasiões em que se apresentava pela noite ao chegar em casa Chrigor viu sua mãe orando, enquanto assistia a um programa evangélico.

Ele olhou para a televisão justamente na hora em que Álvaro cantava a canção *Portais*, de Álvaro Tito e Elvis Tavares, gravada no álbum *Ágape*, e o refrão dizia: "Já vejo se abrindo os portais da Glória, será um dia de vitória plena, Cristo vem, sim, Cristo vem...".

Disse Chrigor, ao *site Projeto Amar Santana*:

> Eu aceitei Jesus, quando dei por mim, já não estava mais em pé, estava na redenção, no oleiro. Já estava buscando ao Senhor de outra forma, chorando, orando e vendo o compromisso e a obrigação. E foi assim que aquilo me edificou, nem por força, nem por violência. Agora sou conhecido pelas minhas atitudes, mais calo do que falo. Só falo quando o Espírito fala, se não, não falo *(sic)*.

A julgar pela veiculação da música *Portais* na TV, revelada pelo cantor Chrigor, na reportagem, tudo coopera para crermos que seja o (antigo) programa *Renascer*, apresentado pelo pastor Silas Malafaia, nos anos 90, hoje *Vitória em Cristo*.

Na oportunidade em que Álvaro anunciou que faria a coletânea *Na intimidade – Voz e violão*, postei um artigo na *web*, com reprodução a seguir.

Álvaro Tito: versatilidade e referência no gospel nacional

Publicado em 17 de maio de 2006

A história de Álvaro Tito confunde-se com a história da música *gospel*. Apesar de ter aparecido ao público no começo da década de 80, pela extinta gravadora Desperta Brasil, Álvaro já trazia na bagagem diversos troféus amealhados dos concursos musicais patrocinados pelas igrejas, durante a fase criança-adolescente.

Um detalhe singularíssimo é que, enquanto os outros candidatos participavam com músicas consagradas pelos medalhões de então, o garoto Álvaro inscrevia-se (e ganhava) cantando canções de sua autoria, como *O Amor de Deus* (incluída mais tarde no LP *Deus Está Aqui*, lançado pela *Nancel Produções*) e *Meu Refúgio* (CD Cenas, pela *Som e Louvores*).

Seu primeiro trabalho foi *Meu Ser para Cristo*, uma canção autoral, vindo em seguida *Deus Transforma* (Edson Coelho). Mas foi com o inusitado disco *Não Há Barreiras*, feito em 1986 pela antiga multinacional *Polygram* (hoje *Universal Music*), que Álvaro Tito alcançou definitivamente a projeção nacional.

Um fato marcante em sua carreira é que, a partir do LP *Não Há Barreiras*, o próprio Álvaro arranjava e produzia musicalmente seus fonogramas, além de executar a bateria. Na época isso trouxe um quê de resistência aos diretores da *Polygram*, pois, sendo ainda a música *gospel* brasileira olhada com certa reserva pela mídia *pop*, como creditar a um jovem de 21 anos a batuta de uma produção fonográfica daquela envergadura?

No entanto, o resultado que o disco trouxe à carreira de Álvaro Tito fala por si. Posteriormente, vieram mais de dez obras, entre o vinil e o CD, que confirmaram insofismavelmente o talento do autor/cantor e acabaram por influenciar vários intérpretes que vieram depois dele. Ainda como marca indelével desse sucesso, estão as inesquecíveis *Pelo Sangue de Jesus* (autoral) e *Não Há Barreiras* (Elvis Tavares).

Álvaro Tito costuma fazer em suas produções um verdadeiro passeio rítmico, que vai da inclusão de baladas, *reggaes*, salsas, guarânias, soul, até inserções jazzísticas (vale a pena conferir *Quem Te Salvará*, do CD *Levanta-te*, numa levada à lá Al Jarreau). Enfim, ele abusa da versatilidade.

A fama de excelente intérprete já rompeu os muros da gospel music, acarretando em convite certa vez para atuar como cantor popular, o que foi prontamente rejeitado por Álvaro Tito. Registre-se que recentemente o cantor Chrigor (ex-grupo Exaltasamba) gravou CD solo incluindo uma música de Álvaro, comprovando sua transcendência musical.

A maioria das composições de Álvaro Tito está sob a tutela editorial da Efrata Music. Atualmente ele prepara seu novo trabalho que, provavelmente, virá pelo selo Ato Records, de sua propriedade.

Enquanto isso não ocorre, está chegando às lojas, pela gravadora Mega Gospel, o CD Álvaro Tito na *Intimidade – Voz e Violão*, reunindo alguns sucessos colecionados ao longo da caminhada.

Vale a pena relembrar a letra de *Levanta-te:*

Levanta-te
(Álvaro Tito/Efrata Music Ed.)

Um homem junto ao tanque de Betesda
Sofria há 38 anos de um mal
Junto a Ele grande multidão
De enfermos, mancos, cegos e ressicados
À espera de um mover das águas
Por um anjo celestialDepois do movimento de tais águas
Quem fosse o primeiro a entrar no tanque
Prontamente era curado então,
Mas ninguém via a dor daquele homem
De paralisia se frustrar, Jesus vem ao tanque
Jesus sabendo e vendo a situação
Faz a pergunta: "Queres ficar são?"
O homem diz assim:
"Senhor, não há ninguém por mim!!!"

"Levanta-te, toma a tua cama e anda."
Com tal autoridade Jesus Cristo lhe falou!
Logo aquele homem ficou são,
Tomou sua cama e partiu;
A glória do Senhor jamais mudou!
"Levanta-te, toma a tua cama e anda."
Com tal autoridade Jesus diz para você:
"Eu resolvo a situação,
Tiro as dores do teu coração, refaço tua vida
Eu tenho todo poder na Minha mão!!!"

Capítulo 20

Gravação da coletânea *Voz & Violão*

Álvaro estava há quatro anos sem contrato com gravadora, portanto, sem um trabalho na praça e isso ensejou que aceitasse produzir, musicalmente, a coletânea *Na intimidade – Voz e Violão*, construída em dois volumes, ele mesmo executando o violão.

O volume I saiu em 2006 e o selo que custeou o projeto mantém um *site* no ar, referente à compilação, informando ser uma página não oficial do cantor.

O volume II seguiu a mesma linha, porém as duas produções são muito simplórias e, em quase nada, lembra os bons trabalhos da carreira de Álvaro Tito.

Vale a pena relembrar a letra de *Em fervente oração*:

Em fervente oração

(Elisha Hoffman/Paulo Silva/Efrata Music Ed.)

Em fervente oração, vem o teu coração
Na presença de Deus derramar!
Mas só podes fruir o que estás a pedir,
Quando tudo deixares no Altar.

Quando tudo perante o Senhor estiver,
E todo o teu ser Ele controlar,

Só, então, hás de ver que o Senhor tem poder,
Quando tudo deixares no Altar.

Maravilhas de amor te fará o Senhor.
Atendendo à oração que aceitar.
Seu imenso poder, te virá socorrer,
Quando tudo deixares no Altar.
Se orares, porém, sem o teu coração
Ter a paz que o Senhor pode dar,
Foi por Deus não Sentir que tua alma se abriu,
Tudo, tudo, deixando no Altar.

Capítulo 21

Gravação do CD *Vitória*

Quatro anos depois, em 2010, Álvaro empenhou-se para trazer ao seu público, já órfão de um disco com músicas inéditas suas – eu mesmo sentia canseira e enfado daquelas coleções – o cedê *Vitória*, fazendo jus ao título porque foi uma batalha para concluí-lo. O álbum foi gravado no município de São Gonçalo, no estúdio *Somzera*.

Abaixo a matéria sobre o lançamento de *Vitória*, postada no site da *Efrata Music*. Adiantando, apenas, no que tange à reportagem a seguir, uma correção: o título do disco de Álvaro Tito, pela *Sony Music* na realidade é *Reinas em glória*.

Após 10 anos, Álvaro Tito lança disco com canções inéditas

Publicado em: 26 de abril de 2010

É cada vez maior o número de intérpretes do *gospel* nacional que buscam nas produções *indies* a solução para a preservação de suas carreiras.

O fenômeno parece ter ligação íntima com o advento da pirataria e dos *downloads* desautorizados que populam as *homepages* da rede mundial de computadores, empurrando a vendagem dos discos para o abismo infindável do insucesso financeiro, abrindo uma possibilidade hercúlea – a continuar assim – de extinção das gravadoras.

Enquanto esse cataclismo não se consuma, assistimos às tímidas produções de discos no Brasil gerando prejuízo às gravadoras, e por via transversa aos intérpretes, autores e músicos na sua totalidade, muito embora o segmento *gospel* tenha sido o baluarte da (pouca) sustentação do mercado fonográfico, conforme dados da Associação Brasileira de Produtores de Disco (ABPD).

Um desses contumazes lutadores pela manutenção da vida musical é o cantor fluminense Álvaro Tito.

E a prova fortíssima dessa guerra dele pela sobrevivência no mundo *business* do *gospel Brazil* é o novo lançamento que põe no mercado construído de forma independente.

Trata-se do CD *Vitória* (nome sugestivo ao tema deste artigo), no qual AT nos mostra, mais uma vez, toda a sua capacidade musical referendada pelo dom divino do qual é portador.

Ouso inclusive a identificá-lo como uma espécie de *Quince Jones* brasileiro, tal é a proposta revelada nesse e em outros trabalhos em razão do somatório voz, *backings*, ritmos e sons aplicados na gravação de seus discos.

Alvíssaras para a novidade na inclusão do xote *Varão de fogo*, de autoria do próprio Álvaro, fortificando sua versatilidade rítmica, podendo estar aí uma homenagem velada ao público nordestino, público este dotado de fidelíssima admiração pelo cantor, questão ratificada pelo número quase incontável de apresentações que faz naquela região do país.

Vejo ainda que a inclinação para o *jazz, soul, funk* e para o *rhythm and blues* continuam ascendentes no repertório de AT, como é fácil comprovar-se na audição de *Mas Ele foi ferido* e *Na minha casa*, ambas autorais.

Fato é que acionando o *play* para se ouvir *Mas Ele foi ferido* (faixa 4), por exemplo, ouve-se o baixo glissando e uma guitarra passear na introdução, valendo-se de uma pedaleira *wah-wah*, imitando inclusive a voz de Álvaro na declamação de frases literais da música, cabendo espaço até para scratch digno dos mais empolgados DJs.

Oportuno é lembrar que grandes guitarristas fizeram uso do pedal *wah-wah*, como foi o caso de Eric Clapton, ao jogar o efeito na canção *Presence of the Lord* (inspirada no livro de 1 Samuel 6:20), apresentada durante turnê do músico estadunidense nos longínquos anos 60.

Enfim, Álvaro Tito é isso aí! Incontestável talento de nossa música e com largas chances de conquistar plateias internacionais em razão de seu talento. Fosse nascido nos United States of America tal reconhecimento já teria ocorrido.

AT foi aclamado por alguns músicos evangélicos como o Pai do *black gospel* brasileiro, sempre trazendo surpresas interessantes em suas produções.

Vale muito ouvi-lo no CD *Vitória*, principalmente por ser esse disco o primeiro de inéditas depois de cerca de dez anos do lançamento do disco *Levanta-te* pela gravadora Top Gospel.

O álbum tem algumas obras do tipo exportação, ou seja, Álvaro Tito passou da hora de frequentar, com mais assiduidade, as terras dalém-mar.

Mas ele foi ferido, música de ritmo *soul,* feita por Álvaro, relembrando a passagem insculpida no livro do profeta Isaías, capítulo 53, versículo 1, isso foi escrito há 700 anos antes Cristo e fala do sacrifício de Jesus em nosso favor.

Quando lágrimas brotam, balada *pop*, foi construída em tom menor. A frase "Me alegro agora de montão" traz um quê da linguagem coloquial para o cedê. É também um reconhecimento de que do derramamento de lágrimas brotam a misericórdia do Senhor em prol de seus queridos.

A presença do baixista Charles Martins, integrante da Banda Novo Som, é uma grata novidade nesse trabalho do cantor.

O *soul Na minha* casa contagia de cara com o guitarrista mandando seus *pica-paus*, acompanhado bem de perto pelo baixista. O *big vocal*, como sempre, atendendo às expectativas de quem já os conhece dos trabalhos de Álvaro, é figura cativa desde que *Jubal* dedilhou aquela harpa, pela primeira vez, lá na "MPI" (Música Popular Israelita).

Como se não bastasse, *the guitar man* manda um "solão", à lá *Eric Clapton*, logo após um *delay* de um grito de Álvaro, invadir a música.

O salmo 23 é a bússola norteadora da canção.

Vitória, balada *pop* de José Severiano e Manoel S.O. Filho, que dá nome ao CD, mantém a regularidade rítmica do autor, inclusive, com o detalhe peculiaríssimo do uso da interlocução com o Pai, com o Filho ou com o Espírito Santo, em suas canções, geralmente na segunda pessoa do singular, sua marca mais que registrada, havendo, no entanto, um pequeno deslize na concordância na letra do refrão ao trocar-se a segunda pessoa pela terceira.

Davi de Moura, o Batatinha, está de volta nessa produção de Álvaro, desde que tocou no disco *Deus está aqui, glissando* e executando uma escala bem ao seu estilo.

A rouquidão de Álvaro, às vezes, muito aparente, em *Vitória*, não se torna empecilho na interpretação das músicas em que esse tipo de pigarro é percebido.

Fosse assim, o exitoso e excelente cantor norte-americano, Michael Bolton, que parece agonizar cantando a balada *When A Man Loves A Woman*, trilha sonora do filme homônimo, com *Meg Ryan* e *Andy Garcia*, estaria falido.

Agora vem o *blues Oh! Quantas vezes*, escrita por Olindina Ramos. É uma mensagem de conscientização do sacrifício expiatório de Cristo no Monte do Calvário em prol da humanidade.

O espírito de Deus se move em mim é outra balada *pop*, tendo o sax tenor como guia. A canção navega, com força, nas águas dos cânticos ministrados nas comunidades cristãs surgidas, nos anos 80. Até o coral, quase integralmente em uníssono, marca o estilo da música muito difundido inclusive pelo cantor e compositor Jonathan Mark Witt Holder, nosso estimado Marcos Witt.

O livro de Gênesis, capítulo 1, versículo 2 (*in fine*) diz que "O Espírito de Deus pairava sobre a face das águas", certificando-nos que a movimentação é uma característica do Espírito Santo.

Já na Epístola aos Romanos, no capítulo 5, em seu versículo 11, temos a garantia da nossa ressurreição pela habitação do Espírito Santo dentro de nós.

Vida a aproveitar é um *soul* com a mesma linguagem coloquial que Álvaro Tito utilizou, na década de 80, na *disco music Com Jesus na vida*, pela *Polygram* e, mais recentemente, em *Isso não é vida*, pela *Top Gospel*.

Sou levado a recordar novamente neste livro, a querida Cristina Audi do Conjunto Som Maior, "desafiando" o meio *gospel* de então, em 1980, cantando a lindíssima *O que farás (sic)*, de autoria da própria Cristina.

A letra diz: "Você já parou pra pensar, no que vai fazer quando Deus te chamar? Nas contas que você vai ter que ajustar?".

O mais maravilhoso na história dessa música e ao mesmo tempo irônico é que a Cristina Audi – que hoje vive na Inglaterra – compôs a canção para Osvayr Agreste, que faria um teste (mil perdões pela rima!) para entrar para o Som Maior. Ele estava distanciado dos caminhos do Senhor.

Agora é que vem a "bomba": Osvayr, em parceria com seu irmão, Osny, é autor de uma das músicas mais lindas do meio evangélico na interpretação do Conjunto Som Maior.

A música chama-se *Galhos secos*.

Quando ele chegou com seu contrabaixo, a Cristina apresentou-o ao grupo, dizendo:

– Pessoal, esse aqui é O que farás.

Depois dessa viagem ao túnel do tempo, digo que a obra *Cristo te fala, track* de abertura do álbum *Vitória*, é remanescente daquele tempo dos muitos cassete abarrotados de música na casa de Álvaro. De vez em quando ele saca uma de lá!

O mesmo vale para *Estendeu-me sua mão*.

A balada pop pentecostal *Me cobre com teu sangue*, escrita por Álvaro, tem o refrão com a linha melódica aparentada com *Patrimônio*, bela canção também dele inserta no CD *Levanta-te*.

A canção é, na verdade, uma petição a Deus pelo não abandono durante as batalhas. Se isso ocorrer, certamente a vitória virá!

Quando teci aqui o comentário amistoso sobre a possibilidade de Álvaro Tito e *MK Publicitá* conseguirem, na época em que "litigavam" sobre o contrato do cantor, um bom retorno com o disco *Cristo guerreia* por mim, se o álbum fosse trabalhado no Nordeste, reforço que a popularidade considerável dele naquela região, seria o fator preponderante para esse (provável) sucesso de vendas.

Com essa ideia, vejo que Álvaro, transpirando versatilidade depois desses anos todos com felicidade homenageia os nordestinos (como disse, meus pais são sergipanos!), compondo o xote *Varão de fogo*, bem centrado na linha pentecostal.

Plenitude de Deus, mais outra canção com mergulho na onda *funkeada* marcante das produções de Álvaro, foi escrita pelo pastor Jorge Severiano, sendo a condução da bateria feita com inserções jazzísticas, mesclando, assim, os dois ritmos numa música só. O contrabaixo, sem menosprezo aos demais, é o meu preferido nessa gravação. Talvez por ser meu instrumento de maior admiração, isso me induza a pensar de tal modo.

O Apóstolo Paulo ao escrever sua carta aos Efésios, no capítulo 3, em seu versículo 19, registra: "E conhecer o amor de Cristo, que excede todo o entendimento, para que sejais cheios de toda a plenitude de Deus".

A vida do cristão tem que ser vivida em abundância, não sendo admissível que um servo de Deus seja esquálido espiritualmente.

Enfim, o cedê *Vitória* não veio com uma proposta muito comercial e foi pensando assim que afirmei ser um disco mais do tipo exportação.

Bastava uma remixagem e recolocação de voz em algumas obras.

Eis a seguir o repertório de *Vitória*.

1. *Cristo Te Fala* (Álvaro Tito)

2. *Me Cobre Com Teu Sangue* (Álvaro Tito)
3. *Varão de Fogo* (Álvaro Tito)
4. *Mas Ele Foi Ferido* (Álvaro Tito)
5. *Na Minha Casa* (Álvaro Tito)
6. *Vitória* (Manoel S. O. Filho)
7. *Plenitude de Deus* (Pastor. Jorge Severiano)
8. *Oh! Quantas Vezes* (Olindina Ramos)
9. *Estendeu a Sua Mão* (Álvaro Tito)
10. *O Espírito de Deus Se Move Em Mim*
11. *Vida a Aproveitar* (Álvaro Tito)
12. *Quando Lágrimas Brotam* (Álvaro Tito)

Após assinar com a *Sony Music*, Álvaro Tito, concedeu entrevista ao *site Guiame*. Adiantando aqui ao leitor no que tange à reportagem abaixo, uma correção: o título do disco de Álvaro Tito, pela *Sony Music*, na realidade, é *Reinas em glória*.

Vale a pena conferir a letra de *Mas Ele foi ferido*:

Mas Ele foi ferido (Álvaro Tito/Efrata Music Ed.)

Quem deu crédito à nossa pregação?
E a quem se manifestou o braço do Senhor?
Como renovo perante ele foi subindo
E como raiz de uma seca terra então
Sem parecer nem formosura o rejeitamos
Homem de dores em trabalho mais de um

Era desprezado e não fizemos Dele caso algum
Andamos desgarrados como ovelhas
Cobrou-se nele o que era o nosso dever
Ele oprimido não alçou a voz
Do agrado a Deus foi seu sofrer
Do trabalho de sua alma sorrirá
Pelos transgressores Ele intercede
Derramando sua alma na morte
Ele é a vida que se pede

Mas Ele foi ferido pelas nossas transgressões
Foi moído pelos nossos tantos pecados
O castigo que nos traz a paz estava sobre ele
Pelas suas pisaduras fomos sarados

Capítulo 22

Gravação CD *Reinas em glória*

"Realmente Deus mantém suas promessas", diz Álvaro Tito
24 de fevereiro de 2011 - 11h24

Depois de sua entrada para o *casting* da *Sony Music Gospel*, o cantor Álvaro Tito já está preparando o lançamento de seu primeiro CD pela gravadora, intitulado *Vitória*. Segundo o cantor, "há uma grande expectativa em volta deste novo CD".

Em entrevista, Álvaro falou sobre seu novo trabalho, testemunhos e a relação de um cantor com sua gravadora. Confira:

NEWS GOSPEL: Após alguns anos na carreira independente, você está prestes a lançar um novo CD pela gravadora Sony Music Gospel. Conte-nos como surgiu esse convite?

Álvaro Tito: Eu tenho um *manager*, alguém que caminha comigo e que cuida de minha carreira, Flávio Lima. Ele fez um primeiro contato com o Mauricio Soares na Sony Music e a conversa foi evoluindo até conseguirmos chegar aos ajustes finais de contratação. Foi tudo muito tranqüilo!

O que você pode nos adiantar sobre esse novo CD?

Este CD está cercado de muita expectativa! Pessoalmente estou 100% envolvido nesse projeto. Escrevi os arranjos de cada canção, participei ativamente na seleção do repertório, escolhi cada músico desse projeto, enfim, estou vivendo intensamente este CD. Musicalmente este novo trabalho demonstra o meu amadurecimento e já está trazendo uma satisfação enorme!

Como foi o processo de escolha do repertório?

Foi sendo gerado gradativamente. Não estabeleci um prazo para definir as músicas. Deus foi enviando cada canção no momento certo. Temos neste CD, seis composições minhas e mais oito canções de outros parceiros. O estilo vai do R&B às baladas, *soul* e pentecostal. E seguindo minha tradição, inclui uma canção romântica, a faixa *Aconteceu.*

Com tantos anos de carreira, você está nervoso com essa nova etapa? O que podemos esperar de novidades em seu ministério neste ano?

Não diria nervoso, mas ansioso! Realmente há uma enorme expectativa por esse novo CD em uma nova casa. O fato de estar numa gravadora do potencial da Sony Music, sem dúvida, traz uma responsabilidade maior. Neste novo momento, estarei intensificando ainda mais a minha agenda em eventos pelo país. Quero levar esse novo trabalho aos quatro cantos do Brasil e é impressionante como o público, lideranças e promotores de eventos já estão nos procurando para agendar as apresentações.

Como você avalia sua trajetória desde a sua conversão até os dias de hoje?

Avalio positivamente e, sem dúvida, vivi muitas experiências intensas ao longo destes anos. É inequívoco que a música *gospel* e o Evangelho no Brasil desenvolveram-se muito e fico feliz de estar participando desse momento tão especial.

Você acredita ser possível para um cantor, sobreviver sem o suporte de uma gravadora?

Sim, eu sobrevivi e tantos outros sobrevivem! A diferença é que numa megaestrutura temos capacidade de repercutir nosso trabalho de forma muito maior. Verdadeiramente se torna cada vez mais difícil alcançar grandes resultados atuando de forma independente, mas mesmo numa gravadora, o artista deve trabalhar muito! A gravadora sozinha não garante o sucesso!

Como você vê hoje as mídias sociais no meio gospel (orkut, Twitter, Facebook e Myspace)? Você já aderiu a alguma delas?

Estou no caminho. A minha chegada à Sony Music serviu para incentivar a buscar essa nova realidade. Hoje já estou no *twitter* (@alvarotiito) e nas próximas semanas estaremos lançando o novo *site* oficial. Confesso que ainda preciso melhorar, mas já estamos no processo.

Há alguma experiência com Deus durante esse ano de vida espiritual, que o marcou profundamente?

No mês de março do ano passado estava cantando na cidade de Pedro Canedo em Goiás e uma irmã, profeta de Deus, chegou para mim e testemunhou de que Deus estaria abrindo uma porta para mim numa grande empresa. No momento em que ela falava, ela tinha uma visão de assinatura de documento. Tempos depois estava eu e o Flávio Lima, na sede da gravadora *Sony Music* no Rio de Janeiro, assinando nosso contrato artístico. Realmente Deus mantém suas promessas. Ele é fiel!

Ping Pong:

NOME: Álvaro Tito de Oliveira
IGREJA: Assembleia de Deus Jardim Primavera em Duque de Caxias, RJ
FAMÍLIA: Meu suporte em todo tempo!
DEUS: A minha vida
SONY MUSIC GOSPEL: Minha parceira
MÚSICA: Meu oxigênio
SONHO: Gravar um DVD com participação especial de Stevie Wonder
MENSAGEM: Entrega o teu caminho ao Senhor, confia Nele e o mais Ele fará.

Como amigo e admirador do trabalho de Álvaro Tito não posso esconder que antes da assinatura com a gravadora *Sony Music*, a situação de sua carreira em disco, como é comum na vida musical de cantores – embora a afirmação possa parecer estranha – estava meio que no ostracismo até pela carência de gravadoras com possibilidade de investir nele. O aspecto diferencial nisso tudo é que a vida do cristão é permeada por fatores sobrenaturais patrocinados por Deus.

Sinto-me compelido a mencionar um parágrafo do livro *Como viver acima da mediocridade – Levando a sério o seu compromisso com a excelência*, da lavra do conhecidíssimo escritor Charles Swindoll:

> A palavra de Deus tem recomendações detalhadas justo para os dias cinzentos. Ela envia um facho de luz através do nevoeiro. Fala-nos de segurança quando tememos não ser capazes de ir em frente. Uma perspectiva assim grandiosa provê para nós um transplante de esperança; dentro de um breve período de tempo, teremos escapado da frustração e do tédio e eis-nos voando alto de novo.

O mercado fonográfico evangélico brasileiro carece ainda de profissionalismo – são mais de 30 anos fabricando disco – e quem sabe essa excelência possa ser alcançada, efetivamente, com a atuação das gravadoras seculares, uma vez que, com raríssimas exceções, as genuinamente forjadas no seio *gospel*, pecam pelo parco profissionalismo, conforme entendimento de Nehemias Gueiros Júnior, em sua obra *O direito autoral no show business,* quando revela:

> O mercado *gospel* é atípico, de certa forma, até amadorístico (...) Cada vez mais surgem novos nomes em todos os gêneros musicais,

desde *rock*, *funk* e *soul*, até *reggae* e cânticos de louvor, estimulando o aparecimento de diversos produtores fonográficos e gravadoras especificamente dedicados ao setor gospel.

Num quadro comparativo com a música *gospel* dos Estados Unidos –o que é uma covardia! – é sabido que as gravadoras evangélicas de lá, são mesmo evangélicas e são consideradas como *majors* (gravadoras grandes), como é o caso da *Forefront, World Entertainment, Sparrow* e *Reunion*, onde gravaram – para citar dois nomes de peso do gospel – *Amy Grant* e *Sandy Patti*, e sem nenhuma ligação com as majors seculares, como a *Sony Music, EMI Songs, Warner Music* e *Universal Music*, por exemplo.

A revista *Backstage*, no 143, de outubro de 2006, especializada em música, trouxe uma matéria interessante intitulada *Gravadora: será que é disso que eu necessito*?

Para massificar o entendimento sobre uma gravadora de grande porte, destaco o texto do produtor musical, Ticiano Paludo, alusivo à matéria, lido a seguir:

> Vantagens de se estar numa *major*: distribuição eficiente, grande poder de fogo (promoção, *marketing*, divulgação, construção de imagem), credibilidade no mercado (gera credibilidade ao artista por associar seu nome a uma marca reconhecida pelo mercado consumidor, divulgador e distribuidor) e rapidez em termos de divulgação (seu trabalho é exposto simultaneamente em diversos veículos de comunicação e pontos de venda em um período quase instantâneo).

Estamos vivendo a expectativa pelo novo trabalho de Álvaro Tito.

Acompanhei-o em alguns momentos no estúdio, observando a produção do disco. Vejo-o voltando às origens e aos bons tempos. Sabemos que seus trabalhos podem render consideravelmente se houver infraestrutura. Afinal, a expressão "qualquer nota", muito usada nos meandros musicais, não se aplica a Álvaro Tito.

Oxalá seja essa empreitada pela *Sony Music* um novo marco em sua vida (melhor dizendo: um novo Álvaro!).

Quando li, na *internet*, sobre sua contratação, agradeci muito a Deus.

Álvaro ligou-me pedindo pelo reenvio da música *Somente pela graça* (perdera o CD *demo* com ela gravada que enviei pelos Correios, em 2007), porque tinha planos de colocá-la nesse CD pela *Sony*.

História da balada *pop Somente pela graça*: corria o ano de 2007 e, por pouco, Álvaro não assinou com a gravadora *Graça Music*.

Antes disso, passei uns dias buscando inspiração para compor algo de especial para Álvaro e sem coautoria, conforme ele havia feito a "encomenda".

Buscava inspiração em Deus, até que um dia entrei no quarto, sentindo "aquela coisa diferente", e comecei: "Pelas mãos, me pegou pelas mãos...".

Dia desses, minha esposa lendo o livro *Maravilhosa graça* do laureado autor Philip Yancey chamou-me a atenção para uma parte que lia e que julguei como oportuno, sua transcrição aqui. Diz o texto:

Em um de seus últimos atos antes de morrer, Jesus perdoou o ladrão que pendia da cruz, sabendo muito bem que ele se convertera por puro medo. Esse ladrão nunca estudaria a Bíblia, nunca frequentaria uma sinagoga ou igreja e nunca se retrataria como todos aqueles a quem prejudicara. Ele simplesmente disse: "Jesus, lembra-te de mim quando entrares no teu Reino", e Jesus lhe prometeu: "Eu lhe garanto: Hoje você estará comigo no paraíso". Esse foi outro lembrete surpreendente de que a graça não depende do que fizemos por Deus, mas, antes, do que Deus fez por nós. (grifei)

No dia de colocação da voz, fui ao estúdio, atendendo ao chamado (antigo e tradicional) do amigo, combinado com minha própria satisfação de revê-lo em ação no "aquário".

A Milena estava comigo, nesse dia. Quando ele acabou de pôr a voz em *Somente pela graça* e veio para a sala do técnico da mesa de som, perguntou o que tinha achado.

Disse-lhe que estava linda demais. Dei-lhe um forte abraço e, com o abraço, vieram as lágrimas. Aquelas mesmas que derramávamos nos tempos idos do Conjunto Sublime Louvor.

Afinal, não era "apenas" um excelente intérprete, gravando uma música.

Era um irmão de muito tempo que eu revia, desejando que Deus o abençoasse e muito!

O pastor Jorge Linhares, em seu livro *Voando para o sucesso – liberte a águia que existe em você*, diz que:

> Deus nos chamou para sermos como as águias. Fomos convocados para olhar as coisas a partir de um ângulo privilegiado: do alto. A nossa vocação é para alçar voo diante das circunstâncias adversas, tal como fazem as águias em meio às tempestades. Se desejamos viver segundo um padrão de excelência, é necessário que alcancemos as maiores alturas sem cansaço ou medo.

As novidades no CD de Álvaro Tito, batizado de *Reinas em glória*, como sempre o fez no decorrer da carreira, foi manter seus "domésticos da fé musical" e ainda, lembrando o velho *slogan* de que *sempre cabe mais um quando se usa Rexona*, incluir seu outro cunhado José Ricardo Limas nesse rol, autor de *Deposito minha fé*.

Nesse novo álbum, Álvaro Tito faz homenagem a dois de nossos melhores compositores.

Primeiramente ao nosso mestre musical, Edison Coelho, quando regrava a balada *A minha provação*, aparecida em disco originariamente com Ozeias de Paula, nos anos 70, com arranjos de Zênio de Alencar, no vinil *Depois da chuva*.

Memories: nossa igreja fazia "intercâmbios" de visitação do grupo da mocidade com o grupo da Assembleia de Deus no bairro Caramujo, em Niterói.

Numa ocasião em que eles visitavam Campo Grande, lembro perfeitamente de ver um rapaz cantando *Depois da chuva*, de Edison Coelho, sendo ladeado por duas moças, servindo de vocalistas: uma delas era a Zezé!

Depois, nas comemorações dos 50 anos da igreja Assembleia de Deus, no bairro de Campo Grande, nossa igreja-mãe, Álvaro incluiu *A minha provação* no repertório do LP *Ecos do jubileu*.

Fez honrarias também ao compositor Cícero Nogueira, autor de grandes êxitos musicais, como *A esperança que restou*, bolero famoso na voz da saudosa Denise Cerqueira e do duo Rayssa & Ravel.

Álvaro reviu a canção *Vale de Jaboque*, de Cícero, balada que reconta a epopeia vivida por Jacó naquele ribeiro (vide narrativa contida em Gênesis, capítulo 32, partindo do versículo 22 para o 32).

O *backing vocal* coube a Elvira Ramos, Eudócia Paloma, José Severiano, Shirley Engel e Jura Voz de Trovão.

A novidade contratual é a cláusula prevendo a gravação do primeiro DVD da carreira de Álvaro Tito. Fonograma que será muito bem-vindo por seu público que ansiava por vê-lo numa gravação filmada.

Não me aprofundarei em comentar as músicas, deixando para o leitor (e ouvinte) deliciar-se com esse momento ímpar. Apenas adianto que a produção está em nível das melhores que Álvaro já fez.

O álbum novo pela gravadora *Sony Music* (conforme *first label* informado pela mesma) tem o seguinte repertório:

1. *A minha provação* (Edison Coelho)
2. *Deus é nosso refúgio* (Álvaro Tito)
3. *Reinas em glória* (Manoel S. O. Filho)
4. *Carregando piano* (Álvaro Tito)
5. *O vale de Jaboque* (Cícero Nogueira)
6. *As promessas de Deus* (Pastor Jorge Severiano)
7. *Aconteceu* (Daniel Gomes)
8. *Na beira da estrada* (Olindina Ramos)
9. *À sala do banquete* (Álvaro Tito)
10. *Somente pela graça* (Elvis Tavares)
11. *Guarda o que tens* (Álvaro Tito)
12. *Deposito toda a minha fé* (José Ricardo Limas)
13. *Esse nome tem poder* (Álvaro Tito)
14. *Sete castiçais de ouro* (Álvaro Tito)

Em abril passado, ocorreu a ordenação de Elvira, sua irmã, ao pastorado, realizada na sede da Convenção das Igrejas

Pentecostais (CONIPE) no bairro de Realengo. Toda a família esteve presente. Álvaro cantou *Vejo os teus problemas* e *Não há barreiras.*

Para manter a tradição, ao final fomos todos para a casa dos pais de Álvaro.

Eu mesmo já não via o pastor Jorge Severiano, Nenel, Elvira, Olindina, Mateus, Zé e a Nilza, há uns dez anos. E olha que, com exceção do Mateus, moramos todos na Zona Oeste do Rio de Janeiro.

Enfim, *Álvaro Tito, uma biografia* sem barreiras é um livro escrito sobre alguns fatos e passagens que vivi, acompanhei, soube ou presenciei a respeito do amigo Tito, desde que éramos muito jovens.

Algumas vezes revelei aqui fraquezas do homem Álvaro Tito de Oliveira e, ao mesmo tempo, usei Abraão como exemplo – ainda era Abrão, nesse tempo – como alguém com 99 anos e que Deus ainda requeria dele maturidade.

Eu mesmo, com 49 (50 a menos que Abrão), ainda peço a Deus por mais maturidade a cada dia.

No que tange à amizade tão abordada aqui nestas linhas, os autores Bruce Bickel e Stan Jantz foram felicíssimos ao definir, com propriedade, o "ser amigo", no livro *Deus está nas pequenas coisas e todas são importantes*, quando dizem:

> É mais fácil fazem amigos do que ser amigo. Fazer amigos implica simplesmente ser agradável e gentil com as pessoas que você gosta. Ser amigo, por outro lado, exige que os outros o façam sentir melhor, o seu objetivo é acrescentar algo às suas vidas. É por esta razão que não podemos ser realmente amigos de muitas pessoas.

A maioria dos discos de Álvaro Tito não é mais encontrada nas lojas. Os LPs *Meu ser para Cristo* e *Deus transforma* foram negociados pelo selo Desperta Brasil, do Rio de Janeiro, com o selo *Som e Louvores*, de São Paulo, que por pouco tempo, após convertê-los em CD, manteve sua disponibilização nos magazines.

Essa gravadora paulista possuía lojas, principalmente, no enorme posto de venda fonográfica postado na Rua Conde de Sarzedas, no centro da capital paulista e outro gigantesco, em forma de amplo mercado, funcionando na Rua Equador, defronte ao Terminal Rodoviário Novo Rio, no Rio de Janeiro.

Pela *Som e Louvores* também foram produzidos os LPs*LP Sentimentos e Cenas* que parecem ter tido sina idêntica.

Lamentável é o desconhecimento da destinação das fitas *masters* dos dois discos.

Os vinis *Não há barreiras* e *Comunhão* são fonogramas pertencentes à gravadora *Universal Music*, sediada na Califórnia, Estados Unidos, e que também não foram convertidos em CDs.

Dada à infraestrutura da multinacional, cremos que as matrizes estejam depositadas em arquivo, quem sabe à espera de uma reativação do departamento *gospel* da fábrica para trazê-los de volta para consumo dos adeptos do *Alvarismo.*

O disco *Ágape* foi lançado pela RGE, vinculada às Organizações Globo, tal como o é o selo *Som Livre* (bastante conhecido por ser originário dos festivais de música popular brasileira, promovidos em épocas passadas).

Vemos atualmente a *Som Livre* lançando bastante material *gospel* e promovendo até premiações no segmento evangélico de música. Quem sabe se esse disco de Álvaro Tito, já convertido para a versão digital, não possa estar passando despercebido por seus produtores da mesma forma que ocorre com o lindíssimo CD *Ao meu pai*, do saudoso cantor Jessé, lançado pela *RGE* na década de 80?

Alguém poderia levantar a bandeira alegando que o LP *Não chore* de Álvaro Tito não seria mais produzido pela *Warner Music* – foi gravado em 1995 e relançado em 2001 – porque morrera na praia pelo insucesso, mas então como explicar-se o desinteresse da gravadora pela continuação pelo fabrico do disco *Quero te adorar* da cantora Shirley Carvalhaes, produção bastante exitosa daquela companhia?

Já o disco *Você comigo*, conforme comentava-se há anos, parece descansar em algum depósito da gravadora *Line Record*, porém sem a conversão do acetato em material digitalizado. Quem o sabe?

Deus está aqui e *Cristo guerreia por mim* viraram disco compacto, mas as gravadoras originais desistiram de sua disponibilização ao povo admirador de Álvaro Tito.

Tempo de alegria e *Levanta-te* são frutos da sucumbência de suas produtoras.

As coletâneas são vistas esporadicamente pelo varejo e o álbum *Vitória* tem produção independente.

Resta-nos a esperança de que o novo trabalho construído pela *Sony Music*, com a ajuda de Deus mude esse estado de coisas perpetuando a nova produção fonográfica de Álvaro nas prateleiras das lojas e nos sites de venda pela rede mundial de computadores.

Seus admiradores valem-se atualmente de *downloads* postados até amadoristicamente na *net* para ouvirem suas canções que jamais foram esquecidas.

Conheça de antemão a letra da música *Somente pela graça*:

Somente pela graça (Elvis Tavares/Efrata Music Ed.)

Pelas mãos, me pegou pelas mãos
Sobre mim, derramou sobre mim Seu amor
E hoje sou fruto desse amor
Eu recebi um novo coração
Aspergiu, sobre mim aspergiu
Sangue seu e o pecado era meu
Foi na cruz, ganhei liberdade foi na cruz
Jesus pagou com sangue a salvação

Somente pela graça de Jesus aqui estou
Somente pela graça de Jesus que me alcançou
Sem que nada merecesse receber de Deus
Jesus pagou pecados que eram meus
Somente pela graça de Jesus eu me refiz
Somente pela graça pude ser alguém feliz
Sem que nada merecesse receber de Deus
A graça revelada, a mim foi dispensada por amor

Bibliografia

1. Carothers, Merlin. *Louvor que liberta.* Tradução Myrian Talitha Lins. Belo Horizonte. Bethânia. 18a. edição.1988. p. 72

2. Shedd, Russel. *Bíblia Sagrada.* Traduzida em português por João Ferreira de Almeida. 2. edição revista e atualizada no Brasil. São Paulo, Vida Nova, 1997.

3. Yancey, Phillip. *Maravilhosa graça.* Tradução Yolanda Krievin. São Paulo. Vida. 2a. edição.1997. p. 50

4. Gueiros, Nehemias. *O direito autoral no show business.* Tudo o que você precisa saber. Gryphus. Rio de Janeiro. 2005. 3a. edição.

5. Smedes, Lewis B. *Perdoar e esquecer.* Superando mágoas do passado, conquistando a paz interior. Tradução de Marcelo Oliveira Nunes. Claridade. São Paulo. 2002. 1a. edição.

6. Linhares, Jorge. *Voando para o sucesso.* Rio de Janeiro. Thomas Nelson. 1a.edição. 2008.

7. Novo aurélio. *O dicionário da língua portuguesa.* Nova fronteira. Rio de Janeiro. 1999. 3a. Edição.

8. *Revista Backstage* nº 143, outubro de 2006 – Gravadora: será que é disso que eu necessito? Rio de Janeiro.

9. Lobão. *50 anos a mil.* Lobão com Cláudio Tognolli. 2010. Nova Fronteira. Rio de Janeiro. 1a. edição

10. Graham, Billy. *Uma autobiografia.* United Press. Tradução de Maria Emília de Oliveira. Campinas. 1998. p. 624. 1ª edição.

11. Kemp, Jaime e Judith. *Devocional para casais.* Reflexões para uma vida a dois. São Paulo. Hagnos. 2002. p. 83

12.Peretti, Frank E. *Este mundo tenebroso.* Tradução Wanda Assumpção. Vida. São Paulo. 1986. 1a.edição.

13. Swindoll, Charles R. *Davi um homem segundo o coração de Deus.* p. 259 e 261. Tradução Neyd Siqueira. Mundo Cristão. São Paulo. 1997.

14. Bicked, Bruce e Jantz, Stan. *Deus está nas pequenas coisas e todas são importantes.* Cap 38, p. 233. Tradução Magali Fraga Moreira. Campinas. United Press. 2000. 1a. edição.

15. Oscar, Tito. *O amor que desperta a vida* – Redescobrindo a alegria de viver. Palavra e Conselho. Brasília. 2008. 3a.edição. p. 24 e 25

16. Filho, Caio Fábio D'Araújo. *No divã de Deus.* Vol III. p. 23 e 90. Rio de Janeiro.Vinde, 1997. 1a. edição.

17. Swindoll, Charles R. Casamento: *Da sobrevivência ao sucesso.* p. 109 e 110. Tradução Maria Emília de Oliveira. Thomas Nelson Brasil. Rio de Janeiro. 2007. 2a. edição.

18. Randel, Don Michel. *Dicionário Harward de Música.* Tradução para o espanhol de Luiz Carlos Gago. Alianza. Madri. 1ª edição.1997.

20. Daniel, Silas. *Habacuque – A vitória da fé em meio ao caos.* p. 58. CPAD. Rio de Janeiro. 2005. 1a. edição.

21. Minczuk, Roberto. *Grandes compositores da música clássica.* Abril. São Paulo. 2009.

22. Santos, Isael. *Dicionário Movimento Pentecostal.* CPAD. Rio de Janeiro. 2009. 1a. edição.

23. Wilkerson, David. *A cruz e o punhal.* p. 4 e 5. Betânia. Belo Horizonte. 1969. 1a. edição.

24. Purin, Dulce Consuelo S. Lopes. *Manancial.* Janeiro – Dezembro – 8. Editora UFMBB. Rio de Janeiro. 2010.

25. Swindoll, Charles. *Como viver acima da mediocridade – levando a sério o seu compromisso com a excelência.* p. 311. Tradução de Oswaldo Ramos. Vida. São Paulo. 2009. 3a. edição.

26. Malafaia, Silas. *Lições de vencedor. Como os heróis da Bíblia superaram desafios e chegaram ao sucesso.* Thomas Nelson. 2009. 1a.edição. Rio de Janeiro. pag. 81 e 147.

27. *Revista Patmos Music.* O melhor de 100 anos da música evangélica. Vol. 1, CPAD 2011. Rio de Janeiro

28. Parrot, Leslie. A batalha pela sua mente. *Entendendo a personalidade santificada.* 1ª Edição. CPAD 2010. Rio de Janeiro.

INFORMAÇÕES SOBRE NOSSAS PUBLICAÇÕES E ÚLTIMOS LANÇAMENTOS

Cadastre-se no site:

www.editoraagape.com.br

e receba mensalmente nosso boletim eletrônico.

Ágape
AMOR INCONDICIONAL

Impresso nas oficinas da
SERMOGRAF - ARTES GRÁFICAS E EDITORA LTDA.
Rua São Sebastião, 199 - Petrópolis - RJ
Tel.: (24)2237-3769